高等学校课程思政系列教材

工程测量课程思政案例

林世镔　王誉瑾　主　编
赵国臣　徐龙军　副主编

中国建筑工业出版社

图书在版编目（CIP）数据

工程测量课程思政案例 / 林世镔，王誉瑾主编；赵国臣，徐龙军副主编. -- 北京：中国建筑工业出版社，2024. 8. --（高等学校课程思政系列教材）. -- ISBN 978-7-112-29998-0

Ⅰ. G641

中国国家版本馆CIP数据核字第2024A8R361号

本书由江汉大学湖北（武汉）爆炸与爆破技术研究院和数字建造与爆破工程学院组织编写，全书介绍了我国古代在工程测量领域的知名人物、理论创新、测绘装备和工程应用，分为人物篇、理论篇、装备篇、应用篇和机构篇，深入挖掘与工程测量相关的重要历史人物、原创理论、核心装备、工程案例和企事业单位形成本课程思政案例集。书中的思政教育案例不仅丰富了专业课程教学内容，也提高了工程测量相关课程思政教学的系统性。《工程测量课程思政案例》可供土木工程、水利工程和工程管理及相关专业的学生使用，也可为讲授工程测量相关课程的教师开展课程思政教学提供参考和借鉴。

责任编辑：周娟华　高　悦
责任校对：赵　力

高等学校课程思政系列教材
工程测量课程思政案例
林世镔　王誉瑾　主　编
赵国臣　徐龙军　副主编

*

中国建筑工业出版社出版、发行（北京海淀三里河路 9 号）
各地新华书店、建筑书店经销
北京雅盈中佳图文设计公司制版
建工社（河北）印刷有限公司印刷

*

开本：787 毫米 × 1092 毫米　1/16　印张：$9\frac{1}{2}$　字数：187 千字
2024 年 9 月第一版　2024 年 9 月第一次印刷
定价：36.00 元
ISBN 978-7-112-29998-0
　　（43103）

序 言

　　工程测量是土木工程、水利工程和工程管理等学科的一门核心专业基础课。课程内容涵盖工程测量的基本知识，包括基础理论、测量方法、数据处理和测量仪器操作等内容，是一门集理论、技术和应用为一体的专业课程，该课程能够培养学生的理论联系实际能力、锻炼学生动手操作能力。作为建筑工程类学科重要的专业课程之一，其课程思政教育要求注重培养学生的工匠精神、提升学生的民族自信心、激发学生专业报国的使命担当。

　　中国古代测量技术在世界科技史中扮演了重要角色。《九章算术》《周髀算经》、祖冲之的"密率"和裴秀的"制图六体"等理论的提出构建了我国古代测量技术的理论基础。商代牙尺、西晋指南鱼、东汉浑天仪等测量仪器的发明展现了华夏民族从丈量大地的实干精神到探索宇宙的想象力。这些理论和仪器在当时均达到了世界领先水平，彰显了中华民族的伟大智慧。中国古代测量技术的辉煌成就让当代测量工作者仍为之感到自豪和骄傲。本书深入挖掘中国古代测量技术相关的人物、理论和装备中蕴含的思政元素，并结合现代测量技术及其工程应用，形成了系统的工程测量课程思政案例。该系列案例有望提升学生的民族自信心，增强他们的爱国情怀，对实现建筑工程类专业学生的"立德树人"育人目标有积极的促进作用。

　　虽然与工程测量相关的教材较多，但这些教材中包含的课程思政案例有限，不便于该课程的教师和学生系统了解工程测量相关的课程思政元素。为响应加强课程思政建设的号召，本书深入挖掘工程测量专业知识中蕴含的思政元素，以笔者所在教学团队近些年主讲的工程测量相关课程为依托，深入挖掘与工程测量相关的重要历史人物、原创理论、核心装备、工程案例和企事业单位形成本课程思政案例集。本书分为人物篇、理论篇、装备篇、应用篇和机构篇，系统介绍了工程测量领域的历史人物、理论创新、测绘装备和工程应用。这本教材课程思政案例多样、内容丰富、结构清晰，非常适合工程测量相关课程的教师和学生阅读。

武汉大学教授
长江学者特聘教授
国家杰出青年科学基金获得者

▶ 前 言

　　提高大学生的思想政治素养是高等教育的重要任务之一，专业课在学生课程中占比高，应充分发挥其"课程思政"的作用，将专业知识与思想政治教育有机融合，把思想政治工作贯穿于专业教学全过程，与"思政课程"产生协同效应，共同助力培养新时代高素质人才。已有的课程思政多集中在学科层面的整体规划和教材中的零散案例，针对具体专业课的课程思政教材相对较少。

　　江汉大学湖北（武汉）爆炸与爆破技术研究院和数字建造与爆破工程学院以"课程思政"为指引组织并实施课程改革，围绕专业课建设和思想政治教育的有机融合问题开展研究与探索。工程测量是土木类专业的核心课程，该课程的思政建设是落实素质教育、提高人才培养质量的关键。《工程测量课程思政案例》就是工程测量相关课程积极开展"课程思政"建设的成果。本书充分挖掘课程中蕴含的历史人物、原创理论、核心装备、工程案例等"课程思政"案例，为学生的专业学习、职业素养、民族自信和家国情怀提供具有专业背景的生动案例。

　　本书分为人物篇、理论篇、装备篇、应用篇和机构篇五个模块，共130个案例。这些案例涵盖了专业课"课程思政"要传递的工匠精神、敬业精神、职业道德、安全意识、保密意识、家国情怀和民族自信，力求以润物无声、潜移默化的方式实现专业知识与思想政治相辅相成、共同提升的教学效果。本书可供工程测量相关课程的学生使用，也可以为承担相关课程的教师开展案例教学提供参考和借鉴。

　　本书由林世锁、王誉瑾担任主编，赵国臣、徐龙军担任副主编，共同负责统稿。非常感谢姜卫平教授在百忙中亲自为本书作序。本书在编写过程中，参阅了大量参考文献，在此向相关作者、单位表示衷心的感谢。限于编者认知和精力有限，书中难免有不足之处，敬请使用本书的读者批评指正，编者殷切希望收到读者的宝贵意见与建议（编者的电子邮箱：slin@jhun.edu.cn）。

编者

目 录

第 1 章

导　论

工程测量是以测绘学科及其在各类工程中的技术应用为基础，兼顾理论性和实践性的土木类专业的核心课程，该课程的课程思政建设是落实土木类专业教学立德树人和提高人才培养质量的关键环节之一。工程测量课程教学内容包括基础知识、技术方法和工程应用三大模块。这三大模块所蕴含的思政元素与弘扬和践行社会主义核心价值观的要求高度契合。

（1）基础知识模块

以"坐标系统"这一基础知识为例论述工程测量基础知识中蕴含的思政元素。坐标系统是所有测量工程的基础，我国大地坐标系建立的历史与国家的自立、自强和自信密切相关。我国先后采用过的大地坐标系有 1954 北京坐标系、1980 国家大地坐标系（又称"1980 西安坐标系"）和 2000 国家大地坐标系。新中国成立后，面对西方国家的封锁，苏联对我国进行了技术援助，其中包括 1954 北京坐标系的建立。由于该坐标系没有采用中国的数据，不能满足我国境内高精度定位的需求，为建立更适用于我国的大地坐标系统，广大测绘科技工作者刻苦钻研、独立自主地提出了 1980 西安坐标系和 2000 国家大地坐标系。我国自主研发的大地坐标系为国民经济建设和国防科技发展作出了巨大贡献。

（2）技术方法模块

以地形图测绘所涉及的技术方法为例论述工程测量技术方法中包含的思政元素。地形图测绘实践环节要求学生学习和培养工匠精神。工匠精神是一种追求卓越的精神、一种职业价值取向和行为表现，具体包括专注、敬业、精益求精等方面。我国的测绘先驱们手工绘制的国家和地方的一幅幅地形图展现了工程测量行业的"工匠精神"。随着测绘行业科学技术的进步，数字化制图技术已被广泛应用于地形图绘制，掌握新技术的青年学子应该传承测绘先辈的工匠精神。

（3）工程应用模块

工程应用即采用工程测量基本原理和技术方法实现工程规划、施工测设以及运维监测三个阶段的工程设施全寿命过程中测量方法和技术的应用。该模块教学致力于培养学生爱国主义情怀和爱岗敬业精神。工程的设计、施工、建设和运维都离不开测绘技术的支持，各类工程测量工作是各国家重大基础设施全寿命过程不可或缺的重要组成部分。要求培养广大学生热爱祖国、爱岗敬业的精神，熟练掌握测量技术在各类基础设施各个阶段的应用。

本书围绕以上三大模块，以我国古今在工程测量领域的历史人物、理论创新、测绘装备和工程应用为基础，将全书分为人物篇、理论篇、装备篇、应用篇和机构篇，深入挖掘工程测量相关的重要人物、原创理论、核心装备、工程案例和企事业单位组成本课程思政案例集。

第 2 章
人物篇

2.1 禹（公元前 2314 年—公元前 2198 年）

禹是黄帝的玄孙、颛顼的孙子（但也有说法认为禹应为颛顼六世孙），出生在汶山石纽地区。禹在治水过程中，采用"左准绳，右规矩"测量远近和高低。他绘制的九鼎之图，是中国最早的原始地图。治水期间，禹翻山越岭，蹚河过川，拿着测量仪器，从西向东，一路测度地形的高低，树立标杆，规划水道。他带领治水的民工，走遍各地，根据标杆，逢山开山，遇洼筑堤，以疏通水道，引洪水入海。他亲自率领老百姓风餐露宿，三过家门而不入，经过 13 年治理，终于取得成功，消除了中原洪水泛滥的灾祸。

2.2 周公（约公元前 1100 年）

姬姓，名旦，因采邑在周（今陕西岐山北），称周公。公元前 1112 年，在河南颍川阳城（今登封市告成镇）建立了土圭测景台（见图 2.1）；公元前 1108 年营建洛邑（今河南洛阳），勘测绘制了洛邑地图献给成王。周公执政的第五年，正式开始大规模营建周洛邑。三月初五，周公先来到洛邑，经过占卜，把城址确定在涧水和洛水的交汇处，进而规划城郭、宗庙、朝和市的具体位置。由周公主持营建的洛邑是一座规模宏大的都城，据《逸周书·作雒解》记述："堀方千七百二丈，郛方七七里。以为天下之大凑""设丘兆于南郊，建大社于国中"。

图 2.1　周公测景台

2.3 张衡（78 年—139 年）

张衡，字平子，南阳郡西鄂县（今河南省南阳市石桥镇）人。东汉时期杰出的文学家、数学家、发明家、天文学家、大地测量学家。张衡发明了浑天仪（见图 2.2），是东汉中期浑天说的代表人物之一。浑天仪，是浑仪和浑象的总称。浑仪是测量天体球面坐标的一种仪器，而浑象是古代用来演示天象的仪表。浑仪发明者是我国西汉的落下闳，东汉时张衡将其改进为浑天仪。张衡发现地球是圆的，并沿南北极轴旋转，黄道是太

图 2.2　浑天仪

阳运行轨道，与赤道的交角为 24 度，这一发现为天文大地测量和大范围的地图测绘提供了理论基础。

2.4 裴秀（224 年—271 年）

裴秀，字季彦，河东郡闻喜县（今山西省闻喜县）人。魏晋时期名臣、地图学家，东汉尚书令裴茂之孙、曹魏光禄大夫裴潜之子。裴秀作《禹贡地域图》，开创了中国古代地图绘制学。李约瑟称他为"中国科学制图学之父"，与古希腊著名地图学家托勒密齐名，他们就像是世界古代地图学史上东西辉映的两颗灿烂明星。裴秀在地图学上的主要贡献是第一次明确建立了中国古代地图的绘制理论。他总结中国古代地图绘制的经验，在《禹贡地域图》（见图 2.3）序中提出了著名的"制图六体"制图理论。

所谓"制图六体"，就是绘制地图时必须遵守的六项原则，即分率（比例尺）、准望（方位）、道里（距离）、高下（地势起伏）、方邪（倾斜角度）、迂直（河流、道路的曲直），前三条是最基本的绘图原则；后三条是因地形起伏变化而须考虑的问题。这六项原则是互相联系、互相制约的，覆盖了制图学中的主要问题。裴秀的制图六体对后世制图工作的影响十分深远，直到明末西方的地图投影方法传入中国，中国的制图学才再一次革新。

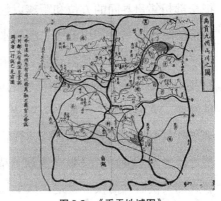

图 2.3 《禹贡地域图》

2.5 唐高僧（683 年—727 年）

一行（公元 683 年—727 年），俗名张遂，魏州昌乐（今河南省南乐县）人，唐代伟大的天文学家和数学家。在长安生活的十年，一行主要致力于天文学研究，相关重大成就包括：①创制天文观测仪器和演示仪器，如黄道游仪、水运浑天仪和复矩；②主持进行了一次大规模的天文大地测量工作，这是世界上第一次子午线长度的实测。

2.6 苏颂（1021 年—1101 年）

苏颂，字子容，原籍福建路泉州同安县（今属厦门市同安区），后徙居润州丹阳县。中国北宋中期官员，杰出的天文学家、测量学家、测量仪器制造专家和药物学家。在宋哲宗元右年间（1086 年—1093 年），他在北宋都城东京（今河南开封）建造了一台高约 12 米、宽约 7 米、重约 20 吨的"水运仪象台"（见图 2.4），这是一种把浑仪、浑象和报时装置结合在一起的大型天文测量仪器，能用多种形式来反映及观测天体的运行，既

能演示天象、观测天象，又能计时、报时，与 500
年后欧洲的锚状擒纵器非常相似。英国著名科学
家李约瑟认为，水运仪象台可能是欧洲中世纪天
文钟的直接祖先。

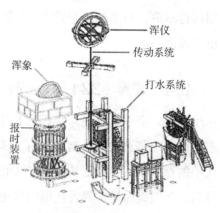

图 2.4　水运仪象台

2.7　沈括（1031 年—1095 年）

　　沈括，字存中，号梦溪丈人，汉族，杭州钱
塘县（今浙江杭州）人。北宋官员、科学家，他
在天文、地理、测绘、仪器制造诸领域均有杰出
贡献。他编绘了"二寸折一百里"（相当于 1∶90 万比例尺）的《天下州县图》，并首次
把全部相邻州县间的方位和距离以数据文字形式记录编册；他还发明和发展了许多精密
易行的测量技术，如用分级筑堰静水水位方法测量了汴渠 400 多千米沿河段的高差；用
水平尺、干尺和罗盘测量地形，并在世界上最早发现了磁针偏角；他制造的地图模型，
是我国制图史上有记载地图模型的创始；浑仪是测量天体方位的仪器，经过历代的发
展演变，到北宋时，结构十分复杂，使用起来很不方便。沈括对此作了很大改进，他取
消了浑仪上不能正确显示月球公转轨迹的月道环，放大了窥管口径，使其更便于观测极
星，既方便了使用，又提高了观测精度。元世祖至元十三年（1276 年），郭守敬创制的
新式测天仪器"简仪"就是在这个基础上产生的。

2.8　郭守敬（1231 年—1316 年）

　　郭守敬，字若思，邢州邢台县（今河北省邢台市信都区）人。元朝著名的天文大
地测量学家、数学家和水利工程专家。郭守敬在天文、历法、水利和数学等方面都取
得了卓越的成就。为修订历法，郭守敬还改制、发明了简仪、高表等十二种新仪器。
他在天文、历算、地理、测绘和水利等领域，均有突出成就，特别是水准测量中，他
首创以我国沿海海平面作为水准测量的基准面，并创立"海拔"这一科学概念，这不
但对于我国测量事业的发展具有十分重要的意义，也是世界测绘史上杰出的科学成
果。直到今日，世界各国的区域性测量，其水准测量成果均归化到以海岸某点的平均
海水面作为基准面的高程系统中。我国在青岛设有水准原点，以黄海平均海水面作为
高程基准面。

2.9　朱思本（1273 年—1337 年）

　　朱思本，字本初，号贞一，江西临川（今抚州）人。元代著名地理学家和地图制图

学家。为了完成《舆地图》这一艰巨任务，朱思本在实地考察、搜集资料和制图方法等方面都付出了大量的心血。在元武宗至大四年至仁宗延祐七年（1311 年—1320 年）间，朱思本主持绘制《舆地图》，该图内容丰富，既有国内疆域，又有域外地区；既是传统的陆地峅，又含海洋海岛，并且是采用"计里画方"的方法（即按比例尺绘制地图）绘制的，精确性超过前人且真实可靠，是我国制图史上的杰出成就。直到清初，按此法绘制地图沿用了 500 余年，在我国和世界制图学史上都具有重要意义。

2.10　郑和（1371 年—1433 年）

郑和，云南昆阳州（今云南省昆明市晋宁区昆阳街道）人，明代著名的外交家、航海家和地理学家，他曾先后七次率领二万七千多人的庞大船队下西洋。在航行中，他采用古代天文定位技术（即观测恒生高度来确定地理纬度）来导航，并根据七次下西洋积累的经验和资料，编制成世界著名的《郑和航海图》。全图包括亚非两洲地名 500 多个，所有图幅都采用"写景"画法表示海岛，形象生动，直观易读，在许多重要的地方还标注有测量数据，有的还注有一地到另一地的"更"数（以"更"来计算航海距离），可以说《郑和航海图》是我国古代地图史上又一杰出的成就。

2.11　徐光启（1562 年—1633 年）

徐光启，字子先，号玄扈，谥文定，上海人。万历进士，官至崇祯朝礼部尚书兼文渊阁大学士、内阁次辅。较早师从利玛窦学习西方的天文、历法、数学、测量和水利等科学技术，毕生致力于科学技术的研究，勤奋著述，是介绍和吸收欧洲科学技术的积极推动者、传播西方测绘技术卓越的先驱者，为 17 世纪中西文化交流作出了重要贡献。他和利玛窦合译了《几何原本》（见图 2.5）和《测量法义》，与熊三拔全译了《简平仪说》。为了融通东西，他撰写了《测量异同》，详细考证了中国测量术与西方测量术的相同点和不同点。他主持编写的《测量全义》集当时测绘学术之大成，内容丰富，涉及面积、体积测量和有关平面三角、球面三角的基本知识以及测绘仪器制造等。此外，他还身体力行，积极推进西方测绘技术在实践中的应用。1610 年他受命修订历法，积极要求采用西方测量术和制造测量仪器，制造象限仪、纪限仪、候时钟、望远镜等，促进了我国天文大地测量的开展。

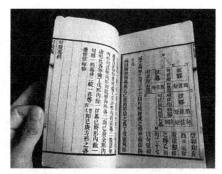

图 2.5　《几何原本》

2.12　爱新觉罗·玄烨（1654年—1722年）

爱新觉罗·玄烨，清朝第四位皇帝，清定都北京后第二位皇帝（1661年—1722年在位），年号"康熙"。康熙皇帝不仅是一位雄才大略的政治家，也是一位博学多才、勇于实践的学者；他不仅重视政治和军事，也重视科学技术。他学习并懂得中国传统的和西方的测量技术，深知测绘在加强国防、巩固政权、发展经济中的重要作用。因而，他下诏开展并亲自主持我国历史上最大规模的全国性测绘，并多次到现场巡勘地形，甚至亲自进行测量并提出具体意见。他特别关注测制与编绘《皇舆全览图》。该图于康熙五十八年（1719年）终于编成，覆盖面积、测绘精度、完成速度等内容，在中国史无前例，在当时世界上也是首屈一指。玄烨看后说："朕费三十余年心力，始得告成。山脉水道，俱与禹贡合。"著名学者李约瑟说："《皇舆全览图》不但在亚洲是当时所有地图中最好的一幅，而且比当时所有的欧洲地图更好更精确。"中国在制图学方面再一次走在世界各国的前面。

2.13　魏源（1794年—1857年）

魏源，名远达，字默深、墨生、汉士，号良图，汉族，湖南省邵阳市隆回县司门前（原邵阳县金潭）人。清代启蒙思想家、政治家、文学家。他在林则徐主持编译的《四洲志》的基础上，参考了历代史志、历代史方，以及古今中外各家著述、各种奏折和其他资料100多种，编纂了《海国图志》100卷（见图2.6）。在编纂过程中，魏源对旧志进行了许多增补和订正，每一幅地图均附文字说明，左图右文，便于对照阅读。该图集共有各种地图74幅，其中中国历史沿革图8幅（如《汉西域沿革图》《北魏与西域沿革图》《唐西域沿革图》《元西北疆域沿革图》等）；外域历史沿革图4幅，即《东南洋各国沿革图》《西南洋与印度沿革图》《小西洋利未利亚洲沿革图》《大西洋欧罗巴各国沿革图》，还有东西两半球图、亚细亚洲图及25幅各国图，利未利亚洲图及23幅各国图，亚墨利加洲图及11幅各国图等。该图集系统地介绍了各国历史沿革、地理、政治等情况，特别是主要图幅上表示的山川、城镇，基本轮廓和地理位置都比较准确，其精度超过利玛窦翻译的《世界地图》。《海国图志》是我国自编的第一部世界地图集，是中国编制世界地图的一个里程碑。

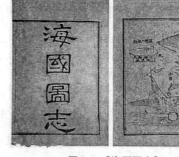

图2.6　《海国图志》

第 3 章
理论篇

工程测量相关基本理论随着数学和天文学等基础自然科学的不断进步而逐渐发展。未受到近现代科学体系影响的中国古代测绘相关理论多为简单几何学在实际应用中的延伸，没有形成完善的理论体系。中国古代测绘相关理论在世界范围内保持一定程度的领先，并满足小农经济发展的需要。欧洲文艺复兴和启蒙运动带来的天文学、数学等自然科学的进步和大航海对测绘技术要求的不断提高推动产生了现代测绘基本理论，这一阶段的理论不再局限于几何学，而是多学科交叉的产物。进入 20 世纪 40 年代后，伴随着信息技术和空间技术的发展，测绘基本理论也在不断发展，出现了电子地图、航空摄影和遥感等新理论和新技术。

3.1　中国古代测绘理论

我们将明末清初之前的中国测绘称为中国古代测绘，这一阶段中国的测绘技术没有受到西方测绘技术的影响。在中国古代，测绘往往和数学、地理学和天文学等相关学科相融合，这些学科的发展相互促进。中华文明源远流长，测绘技术更是伴随着整个中华文明的发展。早在大禹治水时期，就有"左准绳，右规矩"的记载，秦汉到两晋时期是我国古代测绘基本理论的奠基时期，这一阶段的理论成果奠定了中国古代测绘发展的基础。

在以规、矩、尺、表、准、绳为主要测绘工具的中国古代，发展出了与这些简陋设备相适应的测绘理论，取得了良好的实践效果，这些理论在中国测绘史上保持了长久的生命与活力。中国古代测绘基本理论分为两部分：测量方面包括勾股术和重差术，制图方面则主要是"制图六体"的提出。

中国古代测量学的理论基本脱胎于数学，西汉的《周髀算经》中阐述了三个基本观点：一是"天圆地方"思想，将大地看作一个平面，这种说法在整个古代得到了广泛认同，直接使得中国古代测绘理论未能考虑地球曲率的影响。二是作为测量理论基础的勾股定理，标志着测量数学开始由朴素的直观向科学的抽象的演变。三是摹仿直角三角形而做成的测量工具，以及矩的多种用法。而矩作为最主要的测量工具，《周髀算经》中关于矩在测量学中的应用的描述："周公曰'大哉言数。请问用矩之道'。商高曰'平矩以正绳，偃矩以望高，覆矩以测深，卧矩以知远'。"图 3.1 展示了石刻"伏羲执矩图"。

图 3.1　石刻"伏羲执矩图"

矩作为测量工具可以确定水平面，可以测量高程深度（见图 3.2），也可以测量距离（见图 3.3）。矩作为两条相互垂直的直尺组成的曲尺，可以构建直角三角形，利用矩进

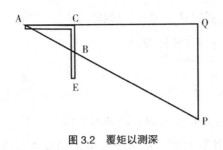

图 3.2　覆矩以测深

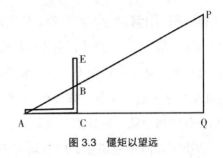

图 3.3　偃矩以望远

行的不同目的的测量，实际是三角测量的一些原始形式。矩和表、绳相结合，在测量实践中形成了中国古代测量的基本框架——勾股定理和重差理论。

3.1.1　勾股术

勾股定理最早出现在《周髀算经》，书中记载："勾广三，股修四，径隅五。"即我们常说的"勾三、股四、弦五"，表示一个直角边为三和四的直角三角形，其斜边是五。三国时期，赵爽总结了秦汉时期运用勾股定理进行测量的研究成果，对勾股定理做了总结性表述："勾股各自乘，并之为弦实（面积），开方除之即弦。"意思是说，勾股的平方和等于弦的平方，将它们的平方和开方就得到弦。并作出"勾股圆方图"（见图 3.4）对勾股定理进行了证明。

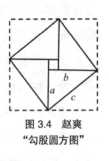

图 3.4　赵爽
"勾股圆方图"

在这幅"勾股圆方图"中，以直角边 a、b 为边长得到的正方形是由 4 个全等的直角三角形再加上中间的那个小正方形组成的。每个直角三角形的面积为 $ab/2$；中间的小正方形边长为 $b-a$，则面积为 $(b-a)^2$。于是便可得

$$4 \times (ab/2) + (b-a)^2 = c^2$$

化简后便可得

$$a^2 + b^2 = c^2$$

亦即

$$c = (a^2 + b^2)^{1/2}$$

《九章算术》的成书时间稍晚于《周髀算经》，全书分九章，为方田、粟米、衰分、少广、商供、均属、盈不足、方程和勾股，共 246 题。其中和测量直接相关的有三章，即第一章"方田"，专讲各种形状的地亩面积的计算和分数的四则运算。其中包括正方形、长方形、三角形、圆形、弧形、环形、弓形、直角梯形、等腰梯形等多种形状田地的面积计算。地亩面积的计算被列入数学著作，并列为第一章，足见秦汉时期对田地测量的重视。第五章"商功"，专讲各种土木工程，例如筑城、修堤、开渠、粮堆等各种

形状立体体积的计算问题。涉及的立体图形包括棱柱、圆柱、棱锥、圆锥、圆台、四面体、楔形等。第九章"勾股",主要讲勾股定理及其各种应用。《九章算术》中对于勾股定理的测量和计算方法达到了一个新水平。

《九章算术》的"勾股"章共有 24 个算例,涉及勾、股、弦及它们的和差共九个数值,知道其中两个就可以计算其余数值。通过对勾股弦和它们和差数值的互求,《九章算术》解决了和测量密切相关的直角三角形计算问题,奠定了勾股术的发展基础。和《周髀算经》中只给出了若干平方根不同,《九章算术》刘徽注中给出了开平方的具体方法和步骤,如"少广"章第 12 题:"今有积五万五千二百二十五步。问方几何?答曰:二百三十五步",即 $\sqrt{55225}$ =235。刘徽注:"开方术曰:置积为实。借一算步之,超一等。议所得,以一乘所借一算为法,而以除。除已,倍法为定法。其复除。折法而下。复置借算步之如初,以复议一乘之,所得副,以加定法,以除。以所得副从定法。复除折如前。若开之不尽者为不可开,当以面命之。若实有分者,通分内子为定实。乃开之,讫,开其母报除。若母不可开者,又以母乘定实,乃开之,讫,令如母而。"开方术作为一种减根变换法,其思路是出入相补,步骤是从高位到低位的依次估值。

这样,勾股术在解决了勾股定理、相似直角三角形和开平方等方面的问题之后,被运用到间接测量的实际问题中。如《九章算术》"勾股"章的第 24 题(见图 3.5):"今有井径(DC)五尺,不知其深(DE)。立五尺木(AC)于井上,从木末(A)望水岸(E),入径四寸(BC),问井深几何?答曰:五丈七尺五寸。"文中具体给出了解题方法。方法的实质是解相似直角三角形。

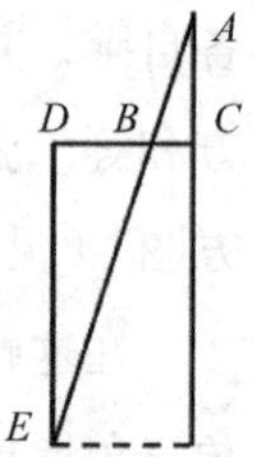

图 3.5　井径

$$DE = \frac{(CD-BC) \times AC}{BC} = \frac{(50-4) \times 50}{4} = 575 \text{寸}$$

"勾股以测高深广远",通过对勾股术的深入研究,又可以得到面积和体积的测量与计算方法。如《九章算术》的"方田"章论述了多种形状的田地面积的测量和计算。赵爽在注释《周髀算经》时说:"禹治洪水,决疏江河,望山川之形,定高下之势……乃勾股所在由生也。"明确指出了勾股术在测量中的基础地位。

3.1.2　重差理论

刘徽在《九章算术注》自序中说:"凡望极高,测绝深而兼知其远者,必用重差。勾股则必以重差为率,故曰重差也。"重差测算理论是综合利用矩、表、绳等测量工具,依据相似直角三角形对应边成比例的内在关系,进行测高、望远、量深的测算理论和方法。重差理论来源于赵爽所作的"日高图",后刘徽总结前人经验,在《九章算术注》中补作"重差"章,唐朝时期李淳风将该章独立为《海岛算经》,和《九章算术》等并列为"算经十书"之一，作为唐代的官学。现存《海岛算经》共有九个算例，分别为测算海岛的高度（海岛）、算山上的树高（望松）、一座城市的大小（望邑）、算涧各的深度（望谷）、算楼房的高度（望楼）、测算河口的宽度（望渡口）、测算水质清澈的潭的深（望清）、高处测算湖塘的宽度（望津）、从山上测算一座城市的大小（临邑），从不同角度讲述利用重差理论进行测量和计算的问题。《海岛算经》是我国历史上第一部专门论述测量和计算问题的著作。

可通过"日高图"（见图 3.6）来学习重差理论的原理："立两表于洛阳之城，令高八尺，南北各尽平地，同日度其正中之时。以景差为法，标高乘表间为实，实如法而一。所得加表高，即日去地也。以南表之景乘表间为实，实如法而一，即为从南表至南戴日下也。以南戴日下及日去地为勾、股，为之求弦，即日去人也。"

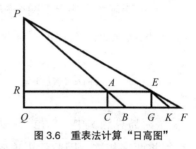

图 3.6　重表法计算"日高图"

计算日（P）到地面（Q）的距离。如图 3.6 所示，设日 P 去地距离 $PQ=H$；南表为 AC，影长为 $BC=l_1$；北表 EG，影长 $GF=l_2$，$AC=BG=h$；两表间距 $CG=l$。此即重差术求日去地距离的公式

$$H = \frac{lh}{l_2-l_1} + h$$

计算南表至日直射处的距离。设 $BQ=L$，此即重差术求南表至日直射处的距离的公式

$$L \frac{ll_1}{l_2-l_1}$$

计算日去人的距离，设日去人的距离 $PB=m$，利用勾股术，即得日去人的距离

$$m = \sqrt{(L+l_1)^2 + H^2}$$

以上公式中，$\dfrac{h}{l_2-l_1}$ 为两个差数之比，因此称为重差术或重差理论。

在《海岛算经》中，刘徽从不同方面揭示了重差理论，并且概括了应用重差理论进行测量的三种方法：重表法、累矩法、连索法。他说："度高者重表，测深者累矩，孤离者三望，离而又旁求者四望，触类而长之。"意思是说，测量高低用重表法，测量深浅用累矩法，测量孤立目标用多次望测的方法。重表法通过树立两根同高的表进行观测，"日高图"使用的便是重表法。累矩法利用两个偃矩测量深度，《海岛算经》中"望谷"一题便是使用累矩法。

望谷（见图 3.7）："今有望深谷（EG），偃矩（BAC）岸上，令勾（BA）高六尺。从勾端（B）望谷底（EG），入下股（AD）九尺一寸。又设重矩（B'A'C'）于上，其矩间（AA'）相去三丈。要从勾端（B'）望谷底（G），入上股（A'D'）八尺五寸。问谷深（AE）几何？术曰：置矩间，以上股乘之，为实。上、下股相减，余为法，除之。所得以勾高减之，即得谷深。"

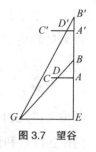

图 3.7　望谷

题中明确指出用上下两个矩进行测量，因此称为累矩法。文中还具体指出了计算方法和根据重差理论得出的谷深公式。

$$谷深（AE）= \frac{矩间（AA'）\times 上股（A'D'）}{下股（AD）- 上股（A'D'）} - 下勾（AB）$$

《海岛算经》中"望邑"一题使用了连索法。此观测方法中使用了两根表，并用两根绳将两表相连，因此称为连索法。望邑（见图 3.8）："今有南望方邑（ABCD），不知大小。立两表（E、F）东西相去六丈，齐人目，以索连之。令东表（F）与邑东南隅（C）及东北隅（B）参相直。当东表之北却行（FG）五步，遥望邑西北隅（A），入索东端（IF）二丈二尺六寸半。又却北行去表（FH）十三步二尺，遥望邑西北隅（A）适与西表（E）相参合。问邑方（AB）及邑去表（BF）各几何？"根据相似三角形原理，可以得到邑方（AB）和邑去表（BF）的解，下面给出邑方（AB），邑去表（BF）可自行求解。

$$邑方（AB）= \frac{入索（IF）\times[后去表（FH）- 前去表（FG）]}{影差（HK）- 前去表（FG）}$$

3.1.3　圆周率

《九章算术》"方田"章中出现了关于圆面积的计算，"半周半径相乘得积步"，即圆周长的一半（$\pi r/2$）和半径（r）相乘得到面积。在我国古代，最早的圆周率为"周三径一"，即取圆周率为 3。刘徽在《九章算术注》中详细解释了"割圆术"求解圆周率的方法（见图 3.9）：以"圆内接正多边形的面积"，来无限逼近"圆面积"。刘徽形容为"割之弥细，所失弥少，割之又割，以至于不可割，则与圆合体，而无所失矣"。刘徽将圆内接多边形周长计算到了 3072 边形，将圆周率精确到了 3.1415 和 3.1416 之间，并将圆周率的取值定为 157/50，世称"徽律"。南北朝时期，祖冲之求得的圆周率值为 3.1415926~3.1415927；并得到两个近似分数：密率 355/113；约率 22/7。这个精确到小数点后七位的圆周率计算值，曾领先世界水平一千年之久，直到 15 世纪，中亚的阿尔·卡希才打破这个纪录，得到精确到小数点后 16 位的圆周率。
割圆术和圆周率是中国古代测绘相关理论辉煌发展的又一佐证。

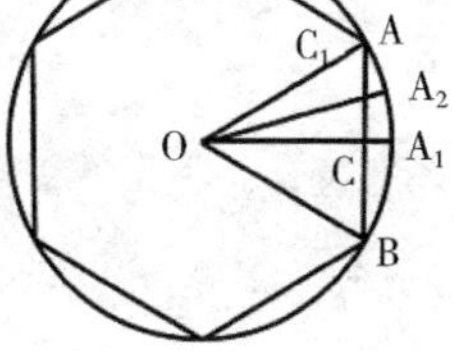

图 3.9　刘徽"割圆术"

3.1.4　制图六体

制图是测量的延续，是测量成果的直观展现。中国古代形成
了独具特色的制图理论框架和传统，其中最具代表性的制图理论
框架是晋代制图学家裴秀提出的"制图六体"。制图理论的形成是一个不断发展的过程。
在夏代，有将地图浇铸在青铜器上的记载："远方图物，贡金九鼎，铸鼎象物。"即禹贡
九鼎上便铸有当时的地图。春秋时期，制图逐渐脱离了示意性制图的范围，开始有了实
际的应用意义，如此时的《兆域图》（见图 3.10），此图表明了王壝的兆域之内各地上建
筑的平面形状、大小和位置情况，是我国现今为止发现的最早的建筑平面图。秦始皇统
一六国后，编绘了囊括疆域的《秦地图》，秦汉时期在制图材料的选择、比例尺的应用、
内容的表示方法、数学椭度、色彩等方面已经达到了精细制图水平，马王堆出土的三
幅帛地图分别展现了长沙国的地形、城邑和驻军情况（见图 3.11），"地形图"比例尺为
$1：17$ 万 ~$1：19$ 万，"驻军图"则为 $1：8$ 万 ~$1：10$ 万。"地形图"中心部分相当准确。
县级居民地的位置与今测图极为接近。主要河流的河流骨架和流向、河系的平面图形、
主要弯曲状况、主流和支流的交汇图形等，大都接近于现在的测图。应该说，到了秦汉
时期，中国的制图技术在制图理论和制图工艺上逐步走向成熟，为晋代形成独具特色的
制图传统奠定了基础。

西晋时期，裴秀主持编绘了《禹贡地域图》18 篇，这是当时最完善和精细的一部
图集，在图集序言中，裴秀提出了"制图六体"："制图之体有六焉。一曰分率，所以
辨广轮之度也。二曰准望，所以正彼此之体也。三曰道里，所以定所由之数也。四曰
高下，五曰方邪，六曰迂直，此三者各因地而制宜，所以校夷险之异也。"

一为"分率"，用以反映面积、长宽之比例，即今之比例尺；

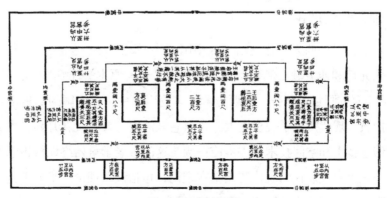

图 3.10　《兆域图》

图 3.11　长沙国南部地形图（左）、城邑图（中）、南部驻军图（右）

二为"准望"，用以确定地貌、地物彼此间的相互方位关系；

三为"道里"，用以确定两地之间道路的距离；

四为"高下"，即相对高程；

五为"方邪"，即地面坡度的起伏；

六为"迂直"，即实地高低起伏与图上距离的换算。

"制图六体"提出了制图必须遵循的基本原则。从晋代以后到西方测绘技术传入中国以前的长时期中，"制图六体"一直是占统治地位的制图基本理论。

勾股定理、重差理论和"制图六体"在中国古代测绘史上保持了长久的生命力，这是和长期使用简陋的测绘工具和设备相适应的。在以矩、尺、表杆、测绳为主要测绘工具的古代，应用上述理论测绘，收到了切实的成效。称这些理论为古代测绘基本理论，是因为它们对中国古代测绘的发展有着长期的决定性的影响。换句话说，迄至明末清初，这些理论都是测绘工作者在测绘实践中遵循的原则。虽然后代有所创新，但都没有脱离上面的大框架。事实证明，这些理论和方法是中国古代测绘赖以实施的依据和指导，是在相对封闭的条件下促进中国古代测绘发展的推动力量。

3.2　现代测绘理论

随着明末清初时期西方文化逐渐进入中国，我国测绘技术也进入了新的发展阶段。明朝末年，徐光启和西方教士利玛窦等人翻译了《几何原本》《测量法义》《测量异同》《简平仪说》等西方测量学著作，将西方测量理论引入中国，中国的测量学与西方的自然科学逐渐接轨。现代测绘学规模庞大、资料卷帙浩繁，技术日新月异，尤其是计算机技术、现代信息技术和空间技术的进步使得测绘这门古老学科始终保持飞速发展。本节为大家介绍一些具有代表性的现代测绘基本理论，包括误差理论、平差理论、高斯平面直角坐标系理论、地球曲率的影响、大气折光等。

3.2.1 误差理论和正态分布

对于某一个未知量，按一定精度测量了很多次后，会发现各个测量值并不相同，是随机的，即包含有误差。根据测不准原理，任何测量都是对测量事件本身的一种扰动，任何测量都会含有误差，绝对精确的测量是不可能的。这也意味着，某一个欲求得的量，其真值是客观存在的，但不能予以确定。所以，应对观测误差进行研究，以便更好地处理误差，获得较好的未知量的估值，误差理论在现代测量中显得尤为重要。

测量误差分为偶然误差、系统误差和粗差。偶然误差又称随机误差，偶然误差是不可避免的，任何观测结果中都包含偶然误差，小样本的偶然误差不存在任何规律，而大量的偶然误差则存在统计学上的规律性。系统误差是指某种有规律的误差，在某种单一因素的影响下产生，系统误差可以减弱或消除。粗差是由操作失误等因素引起的个别大误差，在实际中对粗差通常采用统计学方法处理。

测量中，观测值的分布呈现钟形概率分布曲线的形式。高斯利用算术平均值的概率为最大的假设，即算术平均值趋近于该变量的数学期望，推导出了偶然误差概率密度函数形式，称为高斯分布或正态分布。

$$f(\varDelta) = \frac{1}{\sqrt{2\pi}\sigma} e^{-\frac{\varDelta^2}{2\sigma^2}}$$

正态分布是最重要的一种概率分布形式。正态分布的概念最早由德国数学家棣莫弗于 1733 年首次提出，但由于德国数学家高斯首先将其应用于天文学研究，故正态分布又称高斯分布。1809 年，高斯发表了其数学和天体力学名著《绕日天体运动的理论》。在此书末尾，他写了一节有关"数据结合"的问题，实际涉及的就是这个误差分布的确定问题。高斯提出：测量误差是由诸多因素形成，每种因素影响都不大。根据中心极限定理（中心极限定理指出，如果样本量足够大，则变量均值的采样分布将近似于正态分布，而与该变量在总体中的分布无关），其分布近似于正态分布是势所必然。高斯的第二点创新想法是：他把问题倒过来，先承认算术平均就是极大的似然估计，再去寻找相应的误差密度函数使得极大似然估计正好是算术平均。

正态分布概率密度函数形式如图 3.12 所示。正态分布概率密度函数中，参数 σ 称为分布的标准差或中误差，σ 表征误差分布曲线的平缓或陡峭程度，即偶然误差分布的密集或离散程度。在几何意义中，σ 越小，上面曲线的形状越陡峭，曲线在纵轴方向的顶峰越高，在纵轴两侧越迅速逼近纵轴，表示大误差出现的频率越小，小误差出现的频率越大，偶然误差分布越集中，其对应的精度越高；反之，σ 越大，上面曲线的形状越平缓，曲线在纵轴方向的顶峰越低，在纵轴两侧越缓慢逼近纵轴，表示大误差出现的

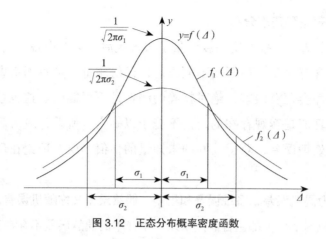

图 3.12　正态分布概率密度函数

频率越大，小误差出现的频率越小，偶然误差分布越分散，其对应的精度越低。根据正态分布理论，偶然误差绝对值不大于标准差两倍的概率为 0.954，不大于三倍标准差的概率为 0.997，一般将两倍或三倍的标准差作为允许的误差极限，即 $\Delta=2\sigma$ 或 $\Delta=3\sigma$。对于大于误差极限的误差应在数据处理时舍去对应的观测值。因此标准差和正态分布在测量数据分析中有特别重要的地位。

3.2.2　平差理论和最小二乘法

测量平差是德国数学家高斯于 1821 年—1823 年在汉诺威弧度测量的三角网平差中首次应用，以后经过许多科学家的不断完善得到发展，测量平差已成为测绘学中很重要的、内容丰富的基础理论与数据处理技术之一。由于测量仪器的精度不完善和人为因素及外界条件的影响，测量误差总是不可避免的。为了提高成果的质量，处理好这些测量中存在的误差问题，观测值的个数往往要多于确定未知量所必须观测的个数，也就是要进行多余观测。有了多余观测，势必在观测结果之间产生矛盾，测量平差的目的就在于消除这些矛盾而求得观测量的最可靠结果并评定测量成果的精度。测量平差采用的原理就是"最小二乘法"。

测量平差是指依照最小二乘法对测量数据进行处理，最小二乘法是处理测量数据中用到的最根本方法，最小二乘平差的基本思想是在最小二乘准则下进行测量数据的调整。在测量工程中，若只对几何模型中的必要元素进行测定，则在观测值之间不可能产生任何函数关系式，模型中的其他各量可唯一确定，也不存在平差问题。只有在有了多余观测的情况下，才会产生平差问题。例如要确定一个三角形的大小和形状，必要观测数为 3，若实际观测了一条边三个角，则存在一个多余观测。现在以任何一边和其中任意两个角作为一个组合来确定三角形的大小和形状，则有三种组合，由于观测值不可避免地含有偶然误差，因此，三种组合所计算的结果将出现微小差别，这说明在具有多余观测的情况下，将无法唯一确定模型的解，这时就需要进行测量平差。在测量中，一般不允许只有必要观测值。

以三角形内角测量为例。从函数模型来看，在存在多余观测的情况下，三角形三个内角的真值存在一个条件方程：$\tilde{L}_1 + \tilde{L}_2 + \tilde{L}_3 - 180° = 0$，考虑到误差不可避免，$\hat{L} = L + \Delta$，代入可得 $\Delta_1 + \Delta_2 + \Delta_3 - W = 0$，$W$ 称为条件方程的闭合差，可以根据观测值计算出来，即 $W = -(L_1 + L_2 + L_3 - 180°)$。由于观测值的真值未知，因此真误差 Δ 是未知量。而根据公式确定真误差的值，显然其解是不唯一的。要确定满足函数模型的唯一的一组解，如果不另外附加确定的约束条件，那是不可能的。对于到底应该采用什么样的约束条件，才能使模型得到一组具有最佳性质的解这个问题，在测量工作及其他科学工程领域，应用最早也最广泛的就是所谓的"最小二乘准则"。

最小二乘法由德国数学家高斯在 1794 年提出，解决了如何从位置参数的多余观测值中求解未知参数的最佳估计，1912 年，马尔可夫提出了测量平差中最著名的高斯 – 马尔可夫模型。随着计算机技术的发展和对测量精度要求的提高，平差理论得到了极大的发展，提出了一系列基于最小二乘法的平差模型。进行最小二乘平差计算时遵循最小二乘准则。

在满足最小二乘准则下求得的真误差称为 Δ 的估值，用 $\hat{\Delta}$ 表示，在测量中通常用 V 表示，最小二乘准则表示为

$$\phi = V^{\mathrm{T}} P V = \min$$

根据最小二乘准则可以求得真误差估值 V，也就可以求得观测值的估值。

$$\hat{L} = L + V$$

$\hat{L}$ 称为观测值 L 的平差值或估值。可以通过一个例子来了解最小二乘法在测量平差中的应用：设对某量 $\tilde{X}$ 进行了 n 次同精度独立观测，观测值为 L_n，按照最小二乘准则求该量的估计值。设估计值为 $\hat{X}$，误差方程为

$$V_1 = X - L_1$$
$$V_2 = X - L_2$$
$$\cdots$$
$$V_n = X - L_n$$

写成矩阵形式

$$V_{n \times 1} = \begin{bmatrix} V_1 \\ V_2 \\ \cdots \\ V_n \end{bmatrix} = \begin{bmatrix} 1 \\ 1 \\ \cdots \\ 1 \end{bmatrix} \hat{X} - \begin{bmatrix} L_1 \\ L_2 \\ \cdots \\ L_n \end{bmatrix} = B_{n \times 1} \hat{X} - L_{n \times 1}$$

按照最小二乘准则，得

$$V^{\mathrm{T}}V=\min$$

将上式对 $\hat{X}$ 取一阶导数，并令其为零，得

$$\frac{\mathrm{d}V^{\mathrm{T}}V}{\mathrm{d}\hat{X}}=2V^{\mathrm{T}}\frac{\mathrm{d}V}{\mathrm{d}\hat{X}}=2V^{\mathrm{T}}B=2V^{\mathrm{T}}\begin{bmatrix}1\\1\\\cdots\\1\end{bmatrix}=2\sum_1^n V_i=0$$

将 $V_i=\hat{X}-L_i$ 代入上式得

$$\sum_1^n V_i=\sum_1^n(\hat{X}-L_i)=n\hat{X}-\sum_1^n L_i=0$$

解得

$$\hat{X}=\frac{1}{n}\sum_1^n L_i=\frac{[L]}{n}$$

3.2.3 泰勒级数

首先来明确泰勒级数的物理意义。泰勒级数的物理意义就是把方程 $g(x)=0$ 的解，写成曲线方程的形式看其与 x 轴有什么交点。例如 $f(x)=x^2=5$ 等价于 $f(x)=x^2-5=0$ 与 x 轴的交点。而这个曲线交点可以用直线切线的逼近方法（牛顿迭代法）来实现，这就是泰勒级数的物理意义：点 +1 次切线 +2 次切线 +…+n 次切线。每次切线公式的常数，就是泰勒级数第 n 项的常数。从泰勒级数的式子可以看到，为了保证两边相等，且取 n 次导数以后仍然相等，常数系数需要除以 $n!$，因为 x^n 取导数会产生 $n!$ 的系数。泰勒级数，就是切线逼近法的非迭代的展开式，根据牛顿逼近法可以从 1 阶一直推导到 N 阶。

泰勒级数展开函数能做些什么呢？对于特定的 x 取值，可以求它附近的函数。$y=x^{100}$ 展开以后可以求 $x=1$ 附近的 0.9999 的 100 次方等于多少，计算过程和结果不但更直观，而且可以通过舍弃一些高阶项的方法来避免不必要的精度计算，简化了计算，节省了计算时间。

泰勒级数由英国数学家布鲁克·泰勒提出。为什么泰勒级数、傅立叶级数，这些展开式都可以写成某个通项公式的和呢？我们看一下泰勒级数是怎么得到的。泰勒假设 $f(x)=f(a)+f'(a)(x-a)+o(x-a)^2$，这个是由牛顿莱布尼茨公式推导出来的。那么有了一次项以后，如何继续逼近？方法类似，一次的求解是 $g_1(x)=f(x)-f(a)=f'(x)(x-a)$，可以写出 $g_2(x)=f(x)-f(a)-f'(x)(x-a)$，两边对 x 求导再求不定积分，就得到了 2 阶的泰勒级数。依次类推，可以得到 n 阶的泰勒级数。由于每一阶

的推导过程是"相似"的，所以泰勒项数的子项肯定也就具有了某种形式意义上的相似性。可以说不是因为客观存在某种规律使得函数可以展开成具有通项公式的幂级数，而是为了把函数展开成具有通项公式的幂级数再去看每个子项应该等于什么，然后为了保证严格再给出收敛以及一致收敛的条件。

在误差理论中，泰勒级数的使用可以进一步避免或减少误差、科学地约束测量结果不确定度的区域、简化计算、提高测量效率。在系统误差分量计算中，函数的绝对系统误差分量等于函数的一阶导数与其自变数绝对系统误差分量的乘积。

设 $y=f(x)$，则 $\Delta y=f'(x)\cdot\Delta x$，当增量 $\Delta x\to 0$ 时，测量的准确度提高，测量的经济性降低，对 y 进行泰勒级数展开得到

$$f(x)=f(a)+\frac{f'(a)}{1!}(x-a)+\frac{f''(a)}{2!}(x-a)^2+\cdots+\frac{f''(a)}{n!}(x-a)^n$$

或

$$f(x)=f(x_0)+\frac{f'(x_0)}{1!}\Delta x+\frac{f''(x_0)}{2!}\Delta x^2+\cdots+\frac{f^n(x_0)}{n!}\Delta x^n$$

随着阶数的增高，Δx 的幂也增大。所以应根据测量中的具体准确度要求选择合适的阶项。在 Δx 较大或仅计算一阶导数达不到要求时，则应扩展阶项数。测量中遇到的一般都是可导的初等函数，大多收敛很快，在保证准确度时，通常泰勒级数展开至二阶即可。同时，从理论上讲，被舍去的各阶之和趋近于零，这时 Δx 在函数允许的范围内可取任意值，可以兼顾测量的正确性和经济性。

3.2.4 高斯 – 克吕格尔平面直角坐标系

根据高斯 – 克吕格尔投影所建立的平面坐标系，或简称高斯平面坐标系。它是大地测量、城市测量、普通测量、各种工程测量和地图制图中广泛采用的一种平面坐标系。高斯 – 克吕格尔投影是德国数学家高斯在 1822 年提出的，后经德国的克吕格尔于 1912 年加以扩充而完善。这种用大地经度和纬度表示的大地坐标是一种椭球面上的坐标，不能直接应用于测图。

地球作为一个椭球体，经纬度组成的地理坐标只能定位点在球面上的位置，不能直接用于以平面为基准面的测量工作。我国采用高斯正形投影的方式将球面上的点投影到平面上，将球面坐标转换为平面直角坐标。大地坐标 (B, L) 转换为平面直角坐标 (X, Y) 的一般数学表示法为：$X=F_1(B, L)$，$Y=F_2(B, L)$，式中 F_1、F_2 为投影函数。

高斯 – 克吕格尔投影的投影函数是根据以下两个条件确定的：第一，投影是正形的，即椭球面上无穷小的图形和它在平面上的表象相似，故又称保角投影或保形投影；

投影面上任一点的长度比（该点在椭球面上的微分距离与其在平面上相应的微分距离之比）与方位无关。第二，椭球面上某一子午线在投影平面上的表象是一直线，而且长度保持不变，即长度比等于1。该子午线称为中央子午线或轴子午线。这两个条件体现了高斯－克吕格尔投影的特性。

大地坐标系是大地测量的基本坐标系。常用于大地问题的细算，研究地球形状和大小、编制地图、火箭和卫星发射及军事方面的定位与运算，若将其直接用于工程建设规划、设计、施工等很不方便。所以要将球面上的大地坐标按一定数学法则归算到平面上，即采用地图投影的理论绘制地形图，才能用于规划建设。椭球体面是一个不可直接展开的曲面，故将椭球体面上的元素按一定条件投影到平面上，总会产生变形。测量上常以投影变形不影响工程要求为条件选择投影方法。地图投影包括等角投影、等面积投影和任意投影三种。其中等角投影又称为正形投影，它保证在椭球体面上的微分图形投影到平面后将保持相似。这是地形图的基本要求。正形投影有两个基本条件：①保角条件，即投影后角度大小不变；②长度变形固定性，即长度投影后会变形，但是在一点上各个方向的微分线段变形比 m 是个常数 k。

为控制由球面正形投影到平面引起的长度变形，高斯正形投影采取分带投影的方法，使每带区域内的最大变形能够控制在测量精度允许的范围内。通常采取 6° 分带法，即从格林尼治首子午线起经差每隔 6° 划分为一个投影带，由西向东将椭球面等分为 60 带，并依次编排带号 N。位于各带边上的子午线称为分界子午线，位于各带中央的子午线称为中央子午线。6° 带中央子午线的经度 $L_0=6N-3$。

高斯投影是设想用一个平面卷成一个空心椭圆柱，如图 3.13 所示，把它横着套在地球椭球面上，并且使椭圆柱的中心轴线位于赤道面内且通过球心，使椭球面上需投影的那个 6° 带的中央子午线 d 与椭圆柱面相切，采用等角投影的方式将这个 6° 带投影到椭圆柱面上，然后将椭圆柱面沿着通过南北极的母线切开并展成平面，便得到此 6° 带在平面上的影像。投影后的高斯平面上，除中央子午线和赤道的投影线是直线，且相互垂直外，其余子午线的投影线为对称于中央子午线的弧线，投影后中央子午线 d 长度不变，距离中央子午线越远的子午线长度变形越大，最大变形为子午分界线。为了满足变形和精度要求，还可以采用 3° 带或 1.5° 带法进行投影分带。

每带的高斯平面直角坐标系均以中央子午线投影为 X 轴，赤道投影为 Y 轴，两轴交点为坐标原点 O。考虑到我国领域全部位于赤道以北，因此域内各地面点的纵坐标 X 均应为正。为避免横坐标 Y 出现负值，通常将每带的坐标原点向西移动 500 千米，这样无论横坐标自然值是正还是负，加 500 千米后，都能保证每点的横坐标也为正值。此外

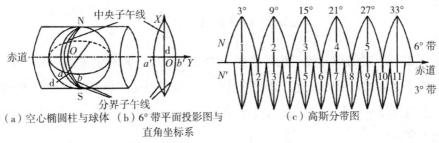

（a）空心椭圆柱与球体 （b）6°带平面投影图与 （c）高斯分带图
　　　　　　　　　　　　直角坐标系

图 3.13 高斯正形投影

为判断点位所在的投影带，规定横坐标值之前加上投影带号。因此高斯直角坐标系横坐标实际由带号、500 千米常数加上自然坐标值组成。这样的横坐标值称为国家统一坐标系的横坐标通用值。除高斯投影外，还有兰勃特正形圆锥投影等方式。兰勃特投影是由德国数学家兰勃特拟定的正形圆锥投影，其包括两种：①等角圆锥投影。设想用一个正圆锥切于或割于球面，应用等角条件将地球面投影到圆锥面上，然后沿一母线展开成平面。投影后纬线为同心圆圆弧，经线为同心圆半径。没有角度变形，经线长度比和纬线长度比相等。适于制作沿纬线分布的中纬度地区中、小比例尺地图。国际上用此投影编制 1∶100 万地形图和航空图。②等积方位投影。设想球面与平面切于一点，按等积条件将经纬线投影于平面而成。

3.2.5　地球曲率的影响

商高在《周髀算经》中提出了"天圆地方"的"盖天说"理论，认为大地是一个平面。"盖天说"使得中国古代测绘在发展和实践中没有考虑地球曲率的影响。在现代测绘理论中，同样存在着水平面替代水准面以简化测量要素结算的做法，使得这些要素出现变化和误差，如图 3.14 所示。

对于距离要素，是由水平长度代替地球表面的弧长 D，产生的误差为

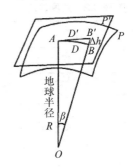

图 3.14　地球曲率的影响

$$\frac{\Delta D}{D} = \frac{D^2}{3R^2}$$

式中，R 为地球半径，D 为测量尺度。随着测量距离增大，地球曲率的影响逐渐增大；当测量距离为 10 千米时，地球曲率造成的水平距离相对误差为 1∶1220000，测量距离达到 100 千米时，相对误差增大到 1∶12000。而现代最精密的距离容许误差为其长度的 1∶1000000，当水平测量半径为 10 千米以下时可不考虑地球曲率影响。

对于高程测量来说，投影产生的误差为

$$\Delta h=R\left(1+\frac{1}{2}\beta^2-1\right)=\frac{D^2}{2R}$$

高程误差与距离的平方成正比，当距离 $D=1$ 千米时，高程误差就有 8 厘米。这是高程测量所不允许的。因此，进行高程测量时，即使距离很短也必须顾及地球曲率的影响。对于角度测量来说，一般工程测量可以不用考虑曲率的影响，下面给出用水平面代替水准面的限度。

（1）距离误差（见表 3.1）。

■ 表 3.1　距离误差

距离 /km	10	50	100
距离误差 /cm	0.82	102	821
相对误差	1/1220000	1/50000	1/12000

（2）角度误差（见表 3.2）。

■ 表 3.2　角度误差

面积 /km²	10	100	1000	10000
角度误差（′）	0.02	0.17	1.69	16.91

（3）高程误差（见表 3.3）。

■ 表 3.3　高程误差

距离 /km	0.1	0.5	1	10
高程误差 /cm	0.1	2.0	7.8	785

3.2.6　斯涅尔定律和大气折光

当一束波以一定倾斜角入射到两种材料界面时，会发生折射。折射角可以通过斯涅尔定律 $c_1\sin\theta_2=c_2\sin\theta_1$ 计算。斯涅尔定律的表述为：①折射光线在入射面内；②入射角和折射角的正弦之比为一常数。

在测量时，由于大气密度的变化，直线前进的光发生偏折，这种偏折遵循斯涅尔定律，被称为大气折射或大气折光，除影响光学仪器测量外，它对雷达探测、卫星定位都有影响。影响大气折光的因素不仅有空气密度，诸如地形条件、地表植被、气温、气压、视线距地面高度等均对折光有影响。基于视觉的测量方法都需要利用感光传感器获取物体反射或辐射出来的光，然后利用图像处理方法获得测量对象的位移。物体反射或辐射出来的光在均匀介质中的传播是一条直线，但是当介质不均匀的时候，光的传播路线不再是一条直线。在太阳高度角的变化过程中，地面和空气中的温度会呈现大致周期的变化，且空气的温度与距离地面的高度具有一定相关性。当光的传播路径上的温度梯度不为零时，光线会沿曲线传播，当温度梯度恒定时，曲线的曲率也是恒定的。实际的情况往往更加复杂，比如风、地面植被、空气湍流的影响，这些因素会导致光的路径异常复杂。在光照强烈的时候，折射异常明显，除了折光现象，在相机中看到的画面会有影跳的现象，这实际上说明折光有高频成分和低频成分，这两种情况只能分别处理。

光线通过密度不均匀的空气介质时，经连续折射形成一条曲线，并向密度大的一侧弯曲。空气在水平方向上的密度是不均匀的，形成水平密度梯度，而产生水平方向的折光，称为水平折光。来自目标的光线进入望远镜时望远镜所照准的方向是光径曲线的切线，这个方向显然与正确方向不一致，有个微小的夹角，称为微分折光。水平折光也就是微分折光在水平方向上的投影分量（即水平分量）。当相邻两地地形和地表环境不同时，在阳光照射下，会出现两地靠近地面处空气密度的差异，产生水平对流现象，产生水平折光的根本原因就在于视线通过的大气层水平方向的密度不同。一般情况下，除视线远离地面，或视线两侧的地形和地面覆盖物完全相同外，都会在不同程度上存在水平折光的影响。由于视线通过的大气层情况非常复杂，因此无法用一个算式来计算出水平折光的数值，只能根据水平折光产生的原因、条件以及光线传播的物理特性和实践经验，找出水平折光对水平角观测影响的一般规律：

（1）由于白天和夜间大气温度变化的情况相反，因而水平折光对方向值的影响，白天与夜间的数值大小趋近相等，符号相反。

（2）视线越靠近对热量吸收和辐射快的地形、地物，水平折光影响就越大。

（3）视线通过形成水平折光的地形、地物的距离越长，影响就越大。

（4）引起空气密度分布不均匀的地形、地物越靠近测站，水平折光影响就越大。

（5）视线两侧空气密度悬殊越大，水平折光影响就越大。

（6）视线方向与水平密度梯度方向越垂直，水平折光影响就越大。

由于越接近地面空气的密度越大，使得垂直方向大气密度呈上疏下密的垂直密度梯度，而使光线产生垂直方向的折光，称为垂直折光。垂直折光也可以理解为微分折光在垂直方向上的投影分量（即垂直分量）。大气总的分布趋势是上疏下密，由折射原理可知，光线通过地表面的大气时，必然产生连续性的向地面一侧的偏折，使得光线的路径为弧线。即视线不是直线，而是弧线，视线偏折的距离就称作大气垂直折光差，简称气差。视线的这种弯曲还可以这样形象地理解：当一束光线在上疏下密的空气中传播时，由于上侧在稀空气中运行，速度快，下侧在密空气中运行，速度慢，必然产生向下的慢转弯现象，也就是说视线弯向空气密度大的一侧。大气垂直折光产生的原因主要是大气在垂直方向密度不均匀，致使来自观测目标的光线在大气中穿过时向密度大的一侧偏折形成弧线。影响大气垂直方向上的密度变化除与地球重力有关外，还随地区、地形条件、季节、一天中的时刻、地面覆盖物以及高度的不同而表现出差异；所以影响大气垂直折光的因素既多又复杂。

近地面大气层存在的密度梯度，使光线在垂直方向产生弯曲，对水准测量也有显著的影响。在水准测量中，如果前视和后视的视线弯曲程度相同，只要使前后视距相等，就可以消除垂直折光对观测高差的影响。但是，由于越接近地面的大气层密度梯度越大，前后视线离地面的高度不同，视线所通过大气层的密度也不一样，折光影响也就不同，所以前后视线在垂直面内的弯曲程度也不同。当水准测量通过一个较长的上坡（或下坡）时，由于前视视线离地面的高度总是小于（或大于）后视视线离地面的高度，这时垂直折光对高差将产生系统性误差。精密水准测量的折光影响与观测所处的气象条件、水准路线所处的地理位置和自然环境、观测时间、视线长度、测站高差以及视线离地面的高度等诸多因素有关。

3.2.7　测量学发展和地球形状的认知过程

人类对地球形状的认知最先经历了由人的直觉认定的"天圆地方"阶段，之后随着人类活动范围扩大和生产技术发展，测量学的发展逐渐经历了地球圆球阶段、地球椭球阶段、大地水准面阶段和现代测量的新时期。

从远古至 17 世纪末，人们逐渐认为地球是圆球。公元前 6 世纪后半叶，古希腊数学家、哲学家毕达哥拉斯提出地球是圆球的观点；公元前 3 世纪，古希腊哲学家埃拉托斯特尼首次估算出地球半径；15~16 世纪的文艺复兴时期，以哥白尼、伽利略为首的一批科学家促进了近现代测量学的萌芽和形成。17 世纪末至 19 世纪下半叶，人们把地球的认识推进到向两极略扁的椭球，17 世纪初，荷兰人斯涅耳首创三角测量法。此后，望远镜、游标尺、十字丝、测微器等相继出现。天文学和物理学在地球形状、重力场及其空间位置等方面也都提出了崭新的观念。牛顿在 1687 年根据万有引力定律，经论证认为：①在引力定律下，并绕一轴旋转的均质流体物质的均衡形状，是两极扁平的旋转椭球；②重力加速度由赤道向两极与地理纬度成比例地增加。惠更斯也推导了地球的扁率。把地球质量集中在球心，扁率等于赤道处离心力与引力之比的一半。测量学在这一阶段取得了突破性的发展：现代长度单位的提出、最小二乘法的提出、椭球大地测量学的形成，解决了椭球的数学性质和椭球面上的测量计算，以及将椭球面投影到平面的正形投影方法，开展大规模的弧度测量，推算了不同的地球椭球参数。由于时代的限制，测量学在这一阶段也存在一些问题：这一阶段，外业测量的基准线是铅垂线，方向是物理的重力方向，而椭球面计算基准线则是法线、方向是几何的垂直方向；重力方向相对法线方向有偏差，即所谓垂线偏差；地球表面每点的重力及其方向都不相同。地球表面是极其复杂的自然地面，不能用简单数学关系式来表达，只能用控制点坐标来逐点描绘。

1872 年，德国人李斯廷认为海水面是重力等位面，并将其命名为大地水准面，这是对地球形状的又一次近似。19 世纪下半叶至 20 世纪 40 年代，对椭球的认识发展到是大地水准面包围的大地体。20 世纪中叶以来，由于卫星技术等空间技术的发展，人类对地球形状的认知再次取得新的进展：①大地水准面不是一个稳定的旋转椭球面，而是有地方隆起，有地方凹陷，相差可达 100 米以上；②地球赤道横截面不是正圆形，而是近似椭圆形，长轴指向西经 20 度和东经 160 度方向，长短轴之差为 430 米；③赤道面不是地球的对称面，从包含南北极的垂直于赤道平面的纵剖面来看，其形状与标准椭球体相比较，位于南极的南极大陆比基准面低 24 米；而位于北极的没有大陆的北冰洋却高出基准面 14 米。同时，从赤道到南纬 60 度之间高出基准面，而从赤道到北纬 45 度之间低于基准面。用夸大了的比例尺来看，这形状是一个近似"梨"的形状。这一认识是到目前为止对于地球认识的一个新阶段。这种认识说明地球的形状及反映这种形状的内部物质状态还未达到稳定平衡状态。当然，今后卫星测量还必须结合大地测量、重力测量和天文测量等综合手段，才能获得进一步精确的数据。这一阶段，测距仪和电子测速仪的发展使得在距离测量方面，导线测量及边网、边角网测量成为可能。20 世纪 60 年代，荷兰学者巴尔达重新研究并提出了大地控制网质量标准问题。20 世纪 70 年代，德国学者格拉法伦德等提出了人们公认的控制网优化设计的四类分法。最小二乘配置法综合了平差、滤波和推估，形成了广义的最小二乘法平差理论。

3.2.8　水准原点、大地原点和大地坐标系

精密水准测量联测到陆地上预先设置好的一个固定点，定出这个点的高程作为全国水准测量的起算高程，这个固定点称为水准原点。水准原点是水准测量传递海拔高程的基准点，即国家高程控制网中所有水准点高程的起算点。为了建立全国统一的高程控制网，必须确定一个高程起算面（水准基面），作为所有水准点高程的起算基准。通常采

用大地水准面作为水准基面，它是沿海验潮站长期的海水面升降观测结果的平均值。由于平均海面并不是重力等位面，不同地点的平均海面可相差 1~2 米，中国采用设在青岛市的验潮站所确定的平均海面作为水准基面，中国水准原点建立在青岛港验潮站附近，并构成原点网。

大地原点是国家地理坐标——经纬度的起算点和基准点。地球是一个近似椭圆的球体，但表面很不规则，测量成果需借助一个与地球形状大小相似的、表面光滑的参考椭球面向外推算，原点的建立，就是解决参考椭球的定位、定向问题，即在领土范围内，使地球大地水准面与参考椭球体面基本吻合，并在这一点将二者的关系固定下来，从而使全国的测量有一个统一的、标准的、切合实际的计算投影面。中国最初的大地原点是引用苏联的大地原点，从列宁格勒的普尔科夫天文台起算，参考椭球是克拉索夫斯基椭球，将苏联 1942 年建立的坐标系统，逐级传递、引测到中国，建立起国家统一的"1954 北京坐标系"，该系统与我国地形地貌不贴近，测绘过程中产生了很大的误差。20 世纪 70 年代我国开始建立自己的大地原点和大地坐标系，最终将大地原点确定在陕西省泾阳县永乐镇北流村。

大地坐标系是大地测量中以参考椭球面为基准面建立起来的坐标系。地面点的位置用大地经度、大地纬度和大地高度表示。大地坐标系的确立包括选择一个椭球、对椭球进行定位和确定大地起算数据，中华人民共和国历史上存在 1954 北京坐标系、1980 西安坐标系和 2000 中国大地坐标系。

3.2.9　地球重力场

地球重力场通常指地球表面附近的地球引力场，在测量学中，研究重力场可以用于推求平均地球椭球形状，建立国家大地网、国家水准网和国家重力基本网。地球重力是由于地球的吸引而产生的力。严格地说，地球重力不是地球对物体吸引这种单一力所造成的，而是由地球对物体的吸引力和地球自转产生的惯性离心力两个力合成的。其中，引力是决定重力大小的根本因素。在地球作用的空间内，其大小与方向和物体所在位置相关。地球重力场可以反映地球内部质量、密度的分布和变化，反映地球物质空间分布、运动和变化。地球重力场是一种物理场，分布于引起它的场源体——地球内部、表面及其周围的空间。在大地测量学中，地球重力场信息可以用于研究地球的大小和形状，并且为测量数据的归算提供支持。例如在珠穆朗玛峰高程的测定和归算中，也需要地球重力场数据的支持。地面点的重力值不仅随纬度而变，也与地面高程的变化紧密相连，所以在推求珠峰高程中少不了地球重力场数据。也正因如此，在 1966~1968 年、1975 年、2005 年和 2020 年的珠穆朗玛峰的 4 次高程测量中都使用了地球重力场数据。

3.2.10　数字测图和航空摄影

数字测图系统，是指以计算机为核心，外连输入输出设备，在硬、软件的支持下，对地形数据进行采集、输入、成图、绘图、输出、管理的测绘系统。作业过程大致可分为数据采集、数据传输、数据处理、图形编辑、图形输出等几个步骤。

传统的地形测图实质上是将测得的观测值（数值）用图解的方法转化为图形。这一转化过程几乎都是在野外实现的，即使是原图的室内整饰，一般也要在测区驻地完成，因此劳动强度较大。在信息剧增、建设日新月异的今天，一纸之图已难载诸多图形信息，变更、修改也极不方便，实在难以适应当前经济建设的需要。数字测图就是要实现丰富的地形信息和地理信息数字化、作业过程的自动化或半自动化。它希望尽可能缩短野外测图时间，减轻野外劳动强度，而将大部分作业内容安排到室内去完成。与此同时，将大量手工作业转化为电子计算机控制下的机械操作，这样不仅能减轻劳动强度，而且不会降低观测精度。

数字测图的基本思想是将地面上的地形和地理要素（或称模拟量）转换为数字量，然后由电子计算机对其进行处理，得到内容丰富的电子地图，需要时由图形输出设备（如显示器、绘图仪）输出地形图或各种专题图图形。将模拟量转换为数字这一过程通常称为数据采集。目前，数据采集方法主要有野外地面数据采集法、航片数据采集法、原图数字化法。数字测图就是通过采集有关的绘图信息并记录在数据终端（或直接传输给便携机），然后在室内通过数据接口将采集的数据传输给电子计算机，并由计算机对数据进行处理，再经过人机交互的屏幕编辑，形成绘图数据文件。最后由计算机控制绘图仪自动绘制所需的地形图，最终由磁盘、磁带等贮存介质保存电子地图。数字测图的生产成品虽仍以提供图解地形图为主，但它却是以数字形式保存着地形模型及地理信息。

广义的数字化测图主要包括地面数字测图、地图数字化成图、航测数字测图、计算机地图制图。从小范围的局部测量方式看，大比例尺数字化测图是指野外实地测量，即地面数字测图，也称野外数字化测图。针对使用的测量设备及数字化测图流程的不同，数字化测图主要有野外采集法、已有纸质地图转化为数字地图和数字摄影测量等。

航空摄影测量简称航测，它是以从飞机上摄取的地表照片（航片）为依据进行量测和判读，从而确定地面上被摄物体的大小、形状和空间位置，并获得被摄地区的地形图（线划地形图、影像地形图）或数字地面模型。按摄影目标和方向的不同，航空摄影可划分为垂直摄影、倾斜摄影和对空摄影。航测能减少野外作业量，减轻劳动强度，并且不受地理环境条件的限制，具有快速、精确、经济等优点。

　　工程测量是研究地球空间中具体几何实体的测量描绘和抽象几何实体的测设实现的理论方法和技术的一门应用性学科，该学科始终与同时代测绘科学技术和工程建设的发展相同步。工程建设对新技术的需求越来越多，对工程测量也提出了更高的要求，需要大力促进工程测量的技术方法与手段的更新换代，积极推动新技术的推广和应用。

第 4 章
装备篇

4.1 中国古代测量仪器

4.1.1 测长工具

商代牙尺（见图4.1）是目前中国所见最早的测长工具，出土于河南安阳殷墟。尺面分、寸刻线都应用了十进位制，长15.78厘米，可作为商代尺的实际长度的参考。

西晋骨尺（见图4.2）出土于北京市石景山区八宝山华芳墓，长24.2厘米，骨质，呈现淡黄色。尺的两面均分刻十寸，一面又在寸内分刻十分，刻度清晰准确。这件骨尺在中国考古史上有着非常重要的价值，它表明起码从汉末到两晋，一尺约合今天的24.2厘米，比如《三国演义》上刘备身高"七尺五寸"，张飞身高"八尺"，关羽身高"九尺"，换算过来就是刘备身高一米七七，张飞身高一米八八，关羽身高则是两米一二，该尺为了解这一时期的度量衡制度提供了一件宝贵的实物。

图4.1 商代牙尺

图4.2 西晋骨尺

图4.3 东汉几何纹铜尺

图4.4 玉简

图4.5 新莽卡尺

东汉几何纹铜尺（见图4.3）1980年出土于湖南省长沙市雷家嘴2号墓，现藏于湖南省博物馆。该尺出自东汉砖室墓中，保存完整，仪饰清晰，重80克，长23.2厘米，与汉代尺度相符。

玉简（见图4.4）相传为羲皇授予大禹的玉尺。也指玉质的简札、道家的符箓。

新莽卡尺（见图4.5）是汉代王莽时期的一种测量工具，固定齿通常13.3厘米，固定卡爪长5.2厘米、宽0.9厘米、厚0.5厘米。现收藏于扬州市博物馆藏。

4.1.2 指南针、指南鱼、指南车

指南针（古称司南，见图4.6）是中国古代辨别方向用的一种仪器，是古代华夏劳动人民在长期的实践中对物体磁性认识的发明。据《古矿录》记载，指南针最早出现于战国时期的河北磁山一带。据近代考古学家猜测用天然磁铁矿石琢成一个勺形的东西，放在一个光滑的盘上，盘上刻着方位，利用磁铁指南的特性，可以辨别方向。发现的唯一一件实物司南在四川成都，是现在所用指南针的始祖。

指南鱼（见图4.7）是中国古代用于指示方位和辨别方向的一种器械，跟司南一样，首次出现记载是在公元4世纪的西晋时代。指南鱼记载于《武经总要》，是

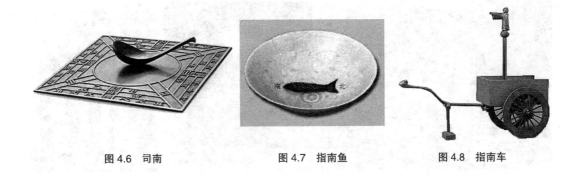

图 4.6 司南　　　　　　　　图 4.7 指南鱼　　　　　　　　图 4.8 指南车

曾公亮在北宋初年发明的。指南鱼就是将剪成鱼形的薄铁片烧热后放在地球磁场中磁化而成的，可以浮在水面上，鱼头指南。指南鱼转动的灵活性比司南好，但磁性较弱。

指南车（见图 4.8），又称司南车，是中国古代用来指示方向的一种装置。它与指南针利用地磁效应不同，它不用磁性。指南车是利用齿轮传动来指明方向的一种简单机械装置。其原理是靠人力来带动两轮的指南车行走，从而带动车内的木制齿轮转动，来传递转向时两个车轮的差动，再来带动车上的指向木人与车转向的方向相反、角度相同，使车上的木人指示方向，不论车子转向何方，木人的手始终指向指南车出发时设置木人指示的方向，"车虽回运而手常指南"。

4.1.3　记里鼓车

记里鼓车（见图 4.9），又称记里车、大章车，中国古代用来记录车辆行过距离的马车，构造与指南车相似，车有上下两层，每层各有木制机械人，手执木槌，下层木人打鼓，车每行一里路，敲鼓一下，上层机械人敲打铃铛，车每行十里，敲打铃铛一次。晋惠帝时期太傅崔豹撰《古今注》记载："大章车，所以识道里也，起于西京，亦曰记里车。车上为二层，皆有木人，行一里，下层击鼓；行

图 4.9　记里鼓车

十里，上层击镯。《尚方故事》有作车法"。根据杜佑（唐）《通典》记载，东晋安帝义熙十三年（417 年），刘裕灭后秦，获记里鼓车。《孙子算经》中一道除法计算题："今有长安洛阳相去九百里，车轮一匝一丈八尺，欲自洛阳至长安，问轮匝几何？"显然和记里鼓车有关。

4.1.4　浑天仪

浑天仪（见图 4.10）是浑仪和浑象的总称。浑仪是测量天体球面坐标的一种仪器，而浑象是古代用来演示天象的仪表。浑仪和浑象是反映浑天说的仪器。浑天仪的发明者

图 4.10　浑天仪

图 4.11　浑象

图 4.12　浑仪

据说是我国西汉时期的落下闳，东汉时期伟大的科学家张衡对其进行改进。中国现存最早的浑天仪制造于明朝，陈列在南京紫金山天文台。

浑象（见图 4.11）是一种表现天体运动的演示仪器，类似现代的天球仪，是一种可绕轴转动的刻画有星宿、赤道、黄道、恒隐圈、恒显圈等的圆球，浑象主要用于象征天球的运动，表演天象的变化。浑象与浑仪合称为浑天仪。浑象最初是由中国天文学家耿寿昌发明于公元前 2 世纪中叶的西汉时期。东汉张衡发明的水运浑象对后世浑象的制造影响很大，宋朝的水运仪象台则达到历史上浑象发展的最高峰。

浑仪（见图 4.12）是中国古代的一种天文观测仪器，是以浑天说为理论基础制造的、由相应天球坐标系各基本圈的环规及瞄准器构成的古代测量天体的仪器。浑仪的最基本构件是四游仪和赤道环。四游仪由窥管和一个双重的圆环组成。窥管是一根中空的管子，类似于近代的天文望远镜，只是没有镜头。浑仪的制造始于汉代，到了唐代，由天文学家李淳风设计了一架比较精密完善的浑天黄道仪。元代的天文学家郭守敬将其简化，创制了简仪。

4.1.5　简仪

简仪（见图 4.13）是元代天文学家郭守敬于公元 1276 年创制的一种测量天体位置的仪器。郭守敬将结构繁复的唐宋浑仪化为两个独立的观测装置，安装在一个底座上，

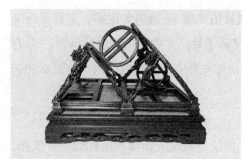

图 4.13　简仪

每个装置都十分简单实用。简仪的结构和使用上都比浑仪简单，而且除北极星附近以外，整个天空一览无余，故称简仪。简仪的创制，是中国天文仪器制造史上的一大飞跃，是当时世界上的一项先进技术。欧洲直到三百多年之后的 1598 年才由丹麦天文学家第谷发明了类似的装置。

4.1.6　圭表

圭表（见图 4.14）是度量日影长度的一种古代天文仪器，由"圭"和"表"两个部件组成。圭表所谓的高表测影法，通俗地说，就是垂直于地面立一根杆，通过观察记录它正午时影子的长短变化来确定季节的变化。垂直于地面的直杆叫"表"，水平放置于地面上刻有刻度以测量影长的标尺叫"圭"。早在公元前 20 世纪，陶寺遗址时期，我国中原地区已使用圭表测影法。到了汉代，学者还采用圭表日影长度确定"二十四节气"。

4.1.7　量天尺

量天尺（见图 4.15）即影表尺，也叫天文尺，主要用来测定表影的长短变化，历代制造天文仪器也以这种尺为标准。其前身则为《考工记》所提及的土圭，是一种石或玉制的短尺。长期的观测实践，使古人逐渐地将短短土圭发展成南北向水平固定的长尺，并和垂直立表组装在一起，统称为圭表。

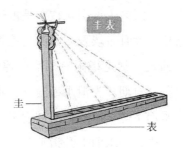

图 4.14　圭表

把圭称为"量天尺"约始于元朝。书里很少引用，应是群众中创造的语汇。但量天尺使用范围小，加上封建统治者故意使天文学神秘化，甚至禁止民间习用天文，因而是很难流传的。涉及量天尺度的一些数据，也只能依据史料，用间接办法去推导。有关量天尺的实物存留，其一在河南登封，即元代郭守敬所建观星台北侧的石制长圭尺；其二在南京，即明初所制铜圭表中的铜圭。

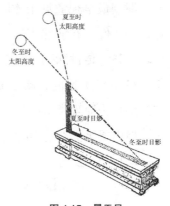

4.1.8　日晷

日晷（见图 4.16）也称日晷仪，是观测日影记时的仪器，主要是根据日影的位置，以指定当时的时辰或刻数，是我国古代普遍使用的计时仪器。

图 4.15　量天尺

日晷名称由"日"和"晷"两字组成。"日"指太阳，"晷"表示影子，"日晷"的意思为"太阳的影子"。因此，所谓日晷，就是白天通过测日影定时间的仪器。日晷计时的原理：在一天中，被太阳照射到的物体投下的影子在不断地改变着，首先是影子的长短在改变，早晨的影子最长，随着时间的推移，影子逐渐变短，一过中午它又重新变长；其次是影子的方向在改变，因为我们在北半球，早晨的影子在西方，中午的影子在北方，傍晚的影

图 4.16　日晷

子在东方。从原理上来说，根据影子的长度或方向都可以计时，但根据影子的方向来计时更方便一些。故通常都是以影子的方位计时。由于日晷必须依赖日照，不能用于阴天和黑夜。因此，单用日晷来计时是不够的，还需要其他种类的计时器，如水钟来与之相配。

日晷在史籍中却少有记载，现在史料中最早的记载是《汉书·律历志·制汉历》一节：太史令司马迁建议共议"乃定东西，主晷仪，下刻漏"，而《汉书·艺文志》中列有晷书 34 卷，但仅存书名，而无内容。《隋书·天文志》中记载了耿询的成就，"观测日晷和刻漏，是测天地正仪象的根本"。《明史·天文志》对日晷的形制、定时之法都有详细的记载。发展到清代，日晷不仅可以计时用，其本身也已成为一件装饰艺术品。

4.1.9 漏刻

漏刻（见图 4.17）是古代的一种计时工具，不仅古代中国用，而且古埃及、古巴比伦等文明古国都使用过。漏是指带孔的壶，刻是指附有刻度的浮箭。漏刻包括泄水型和受水型两种。早期多为泄水型漏刻，水从漏壶孔流出，漏壶中的浮箭随水面下降，浮箭上的刻度指示时间。受水型漏刻的浮箭在受水壶中，随水面上升指示时间，为了得到均匀水流可置多级受水壶。漏刻最早记载见于《周礼》。已出土的最古漏刻为西汉遗物，共 3 件，在河北满城、内蒙古鄂尔多斯和陕西兴平发现。

图 4.17　漏刻

比较完整的传世漏刻有 2 件，均为受水型。藏于北京中国国家博物馆的是元代延祐三年（1316 年）造的；藏于北京故宫博物院的是清代制造的。中国古代还出现过一些与漏刻结构原理类似的计时工具，如以称量水重来计量时间的称漏和以沙代水的沙漏等。但中国历史上使用时间最长、应用最广的计时装置还是漏刻。

4.1.10 步弓

步弓（见图 4.18）是丈量土地用的一种木制器具。上有柄，略如弓形，两足间相距为一步，故称步弓。按旧时的营造法度，一步为五尺（1 尺约等于 33.33 厘米）。如果到野外丈量土地面积或者两点之间的长度，则将步弓开口朝下，一头放在起点，另一头朝前摆好，然后以另一头为支点，将起点的这头再转到前面，就这么一左一右地往前转，转一下为五尺。

《辞源》："步弓：量地器，木制，似弓形，有柄，两足相距一步（相当于旧时营造尺五尺），故名。"清朝黄六鸿（1699 年）所著《福惠全书·卷之十·清丈步·定步弓》："丈田地以步弓为准，其弓悉用宪颁旧式。每村乡地，照式各备数张，呈县验明，印烙，方许应用。如有擅用大弓私增分厘者，查出重究。"

4.1.11 复矩

《新唐书》记述的"复矩"乃是僧人一行所创造的一种用来直接测量天体地平高度（北极星的地平高度，就是测点所在的近似纬度）的简便仪器，如图 4.19 所示。图中：AB 为窥管，CD 为支架杆，E 为锤球，F 为象限分度（当时，整圆周与周天 365.25 日一致，分为 365.25 度），每一象限约为 91.31 度。当从窥管观察天体（北极星）时，锤线在象限分度上截取的度数即是所测北极星的地平高度，亦即测点的近似纬度。因此，测得一点的北极高，就可知该点的天文纬度。而测得同一点的二至和二分日影长度，就可以算出黄赤交角，同样可以求得该点的天文纬度。利用复矩这种仪器，唐代天文学家南宫说等人测量了河南省境内登封阳城、滑县、开封、上蔡四地的北极高度，又测量了四地之间的距离，发现南北距离相差 351 里 80 步，北极高度差 1 度。

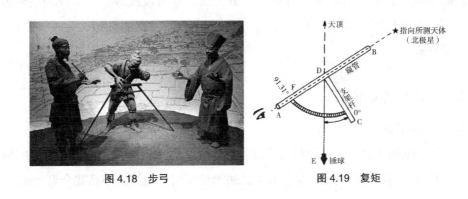

图 4.18 步弓   图 4.19 复矩

4.1.12 正方案

正方案（见图 4.20）由元代郭守敬创制，是指在一块四尺见方的木板上画 19 个同心圆，圆心立一根表，当表的影端落到某个圆上时就记录下来，从早到晚记完后，把同一个圆上的两点连接起来，它们的中点和圆心的连线就是正南北方向；如果把它侧立过来，还可以测北极出地高度。这是一种便于携带到野外作业的天文测量仪器。其利用同心圆测定方向，因为排除了地球磁极的影响所以指示的是正南正北方向而非磁南磁北，这是当时世界上最精确的定向仪器。

4.1.13 简平仪

简平仪（见图 4.21）是夜窥星辰以拟定星象或星位、昼视日影以定时刻的仪器，属星盘一类。现藏故宫博物院，铜镀金，清康熙二十年（1681 年）造办处制作，星盘直径为 32.1 厘米。简平仪分三重：上重盘为北地平盘，外周圈刻十二月份，每月 30 度，次内刻十二时辰，盘中心为北极，上附时刻盘。中重盘为天盘，其一面为北极恒星盘，上刻阴历日、黄道十二宫、周天 360 度、二十四节气、赤经线、黄道、银河系，

图 4.20　正方案　　　　　　　　　图 4.21　简平仪

沿赤道布列二十八宿，并按一至六等星标注。天盘的另一面为赤道南极恒星盘，除星象图有变化外，其余与北极恒星盘大致相同。下重盘为南地平盘，盘心象征着南极，中心设时刻盘、大游标，盘面刻有更线、节气线、日出没线等。简平仪顶端附提环，上端镌刻"简平仪"，下端镌刻"康熙二十年岁在辛酉仲夏制"铭文，为清宫内务府造办处所制造。

4.2　近代测量仪器

4.2.1　望远镜

望远镜（见图 4.22）是一种利用透镜或反射镜以及其他光学器件观测遥远物体的光学仪器。其利用通过透镜的光线折射或光线被凹镜反射使之进入小孔并会聚成像，再经过一个放大目镜而被看到。

望远镜的第一个作用是放大远处物体的张角，使人眼能看清角距更小的细节；第二个作用是把物镜收集到的比瞳孔直径粗得多的光束，送入人眼，使观测者能看到原来看不到的暗弱物体。1608 年，荷兰的一位眼镜商汉斯·利伯希偶然发现用两块镜片可以看清远处的景物，受此启发，他制造了人类历史上的第一架望远镜。1609 年，意大利佛罗伦萨人伽利略·伽利雷发明了 40 倍双镜望远镜，这是第一部投入科学应用的实用望远镜。伽利略式望远镜于 1622 年随耶稣会士金尼阁返华的航行进入中国内地。经过 400 多年的发展，望远镜的功能越来越强大，观测的距离也越来越远。

4.2.2　照相机

照相机（见图 4.23）是一种利用光学成像原理形成影像并使用底片记录影像的设备，是用于摄影的光学器械。在现代社会生活中有很多可以记录影像的设备，它们都具备照相机的特征，比如医学成像设备、天文观测设备等。其原理是被摄景物反射出的光线通过照相镜头（摄景物镜）和控制曝光量的快门聚焦后，被摄景物在暗箱内的感光材料上形成潜像，经冲洗处理（即显影、定影）构成永久性的影像。1844 年，世界摄影术（即达盖尔银版法）经由我国港澳地区传入广东；同年，广东南海人邹伯奇发明制作出中国第一部"摄影之器"，之后又自制感光湿版和显定影化学制剂并拍摄出照片。2018 年 9 月，世界海关组织协调制度委员会将无人机归类为"会飞的照相机"。

图 4.22　望远镜

4.2.3　水平仪

水平仪（见图 4.24）是一种测量小角度的常用量具。在机械行业和仪表制造中，用于测量相对于水平位置的倾斜角、机床类设备导轨的平面度和直线度、设备安装的水平位置和垂直位置等。水平仪的水准管由玻璃制成，水准管内壁是一个具有一定曲率半径的曲面，管内装有液体，当水平仪发生倾斜时，水准管中气泡就向水平仪升高的一端移动，从而确定水平面的位置。水准管内壁曲率半径越大，分辨率就越高，曲率半径越小，分辨率越低，因此水准管曲率半径决定了水平仪的精度。水平仪主要用于检验各种机床和

图 4.23　照相机

图 4.24　水平仪

工件的平面度、直线度、垂直度及设备安装的水平位置等。在测垂直度时，磁性水平仪可以吸附在垂直工作面上，不用人工扶持，减轻了劳动强度，避免了人体热量辐射带给水平仪的测量误差。

4.2.4　水准仪

水准仪（见图 4.25）是建立水平视线测定地面两点间高差的仪器。原理为根据水准测量原理测量地面点间高差。主要部件有望远镜、管水准器（或补偿器）、垂直轴、基座、脚螺旋。水准仪是在 17~18 世纪发明了望远镜和水准器后出现的。20 世纪初，在制出内调焦望远镜和符合水准器的基础上生产出微倾水准仪。20 世纪 50 年代初出现了自动安平水准仪；60 年代研制出激光水准仪；90 年代出现电子水准仪或数字水准仪。水准仪按结构可分为微倾水准仪、自动安平水准仪、激光水准仪和数字水准仪（又称电子水准仪）。按精度可分为精密水准仪和普通水准仪。

4.2.5　经纬仪

经纬仪（见图 4.26）是一种根据测角原理设计的测量水平角和竖直角的测量仪器，分为光学经纬仪和电子经纬仪两种，最常用的是电子经纬仪。经纬仪是望远镜的机械

部分，使望远镜能指向不同方向。经纬仪具有两条互相垂直的转轴，以调校望远镜的方位角及水平高度。经纬仪是一种测角仪器，它配备照准部、水平度盘和读数的指标、竖直度盘和读数的指标。经纬仪是由英国机械师西森（Sisson）约于1730年首先研制的，后经改进成型，正式用于英国大地测量中。1904年，德国开始生产玻璃度盘经纬仪。随着电子技术的发展，20世纪60年代出现了电子经纬仪，在此基础上，70年代制成电子速测仪。

测量时，将经纬仪安置在三脚架上，用垂球或光学对点器将仪器中心对准地面测站点上，用水准器将仪器定平，用望远镜瞄准测量目标，用水平度盘和竖直度盘测定水平角和竖直角。经纬仪按精度可分为精密经纬仪和普通经纬仪；按读数设备可分为光学经纬仪和游标经纬仪；按轴系构造分为复测经纬仪和方向经纬仪。此外，还有可自动按编码穿孔记录度盘读数的编码度盘经纬仪，可连续自动瞄准空中目标的自动跟踪经纬仪，利用陀螺定向原理迅速独立测定地面点方位的陀螺经纬仪和激光经纬仪，具有经纬仪、子午仪和天顶仪三种作用的供天文观测的全能经纬仪，以及将摄影机与经纬仪结合在一起供地面摄影测量用的摄影经纬仪等。

图4.25　水准仪

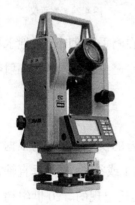

图4.26　经纬仪

图4.27　平板仪

4.2.6　平板仪

平板仪（见图4.27）曾经是野外碎部测量的一种传统仪器，它能同时测定地面点的平面位置和点间高差。平板仪测量是用平板仪或其他替代仪器，按图解法加密图根控制点和测绘地形图的方法和过程，包括平板仪图根控制测量和碎部测量。平板仪按照准仪和基座的结构不同可分为大平板仪和小平板仪。大平板仪是平板仪测量的主要仪器，由平板、照准仪、基座以及方框罗盘、对点器和独立水准器等附件所组成；小平板仪主要用于碎部测图，由小平板、测斜照准仪、基座以及方框罗盘、对点器和独立水准器等附件所组成，可单独使用，但通常与经纬仪配合而仅用于瞄画方向线。

平板仪测量时，水平角是用图解法测定的，直线的水平距离可直接丈量或用视距法测定。另外，在必要时，还可以用平板仪增设补充测站点，以弥补解析法所确定的图根点点数之不足。由于平板仪测量具有图解测定地面点平面位置的特点，故又称其为图解测量。平板仪测图已被全站仪和 GPS-RTK 数字化测图所取代。

4.2.7　光电测距仪

光电测距仪（见图 4.28），又称光速测距仪，是利用调制的光波进行精密测距的仪器，测程可达 2.5 千米左右，也能用于夜间作业。光电测距仪种类较多，其中以红外测距仪发展最为迅速。光电测距的原理是：测量两点距离时，在待测的一点安置测距仪，另一点放置反光镜。当测距仪发出光至反光镜时，经反光镜反射后又返回仪器。设光速 c 为已知，若光束在待测距离上往返传播的时间 t 也已知，则距离 D 可由公式 $D=ct/2$ 求出。

测距仪主机通过连接器安置在经纬仪上部，经纬仪可以是普通光学经纬仪，也可以是电子经纬仪。利用光轴调节螺旋，可使主机的发射、接收器光轴与经纬仪视准轴位于同一竖直面内。另外，测距仪横轴到经纬仪横轴的高度与觇牌中心到反射棱镜的高度一致，从而使经纬仪瞄准觇牌中心的视线与测距仪瞄准反射棱镜中心的视线保持平行。配合主机测距的反射棱镜，根据距离远近，可选用单棱镜（1500 米内）或三棱镜（2500 米内），棱镜安置在三脚架上，根据光学对中器和长水准管进行对中整平。

4.2.8　陀螺经纬仪

陀螺经纬仪（见图 4.29）由陀螺仪和经纬仪两部分组成，是指带有陀螺装置，用来测定测线真北方位角的经纬仪。它利用陀螺仪本身的物理特性（定轴性和进动性），采用金属带悬挂重心下移的陀螺灵敏部来感知地球自转角速度水平分量，在重力作用下，产生一个向北进动的力矩，使陀螺仪主轴围绕地球子午面往复摆动，从而测定真北方位角。陀螺经纬仪测定真北方位角简单迅速，且不受时间制约，广泛应用于矿山测量、工程测量和军事测绘，也是雷达天线定向、无人机飞行定向、火炮和远程武器发射定向的重要配套设备。

图 4.28　光电测距仪

经纬仪于 1730 年由英国人发明，经过金属经纬仪的漫长过程，20 世纪 20 年代发展为光学经纬仪，60 年代以来进入电子经纬仪阶段，现已相当先进，向着智能化方向发展。陀螺仪是陀螺经纬仪的主体，主导着整机的发展进程。

4.2.9　立体测图仪

立体测图仪（见图 4.30）是航空摄影测量全能法测图仪器的统称，是摄影测量内业成图的主要仪器，用于相对定向、绝对定向、断面扫描、晒印正射相片以及测绘等高线等。其结构

图 4.29　陀螺经纬仪

原理是以摄影过程的几何反转为基础。如今，发展的趋势是主机结构趋于简单，但增加各种外围设备，如自动坐标记录装置，正射投影装置、数控绘图桌等，以扩大使用范围，提高工作效率。另外，解析测图仪也可归于全能法测图仪器，它由带有反馈系统的高精度立体坐标量测仪、电子计算机、数控绘图桌、控制台及相应的软件组成。

立体测图仪种类很多，有的仪器还有专用名称，如多倍投影测图仪、精密立体测图仪等。仪器的重要部分包括投影系统、观测系统和测图系统。投影系统一般有两个投影仪，各构成一个投影射线束，经定向后由射线相交构成几何立体模型。其投影方式可分为光学投影、光学机械投影和机械投影。还有利用电子计算装置进行解析投影的，称为"解析立体测图仪"。立体测图仪按使用范围划分，可分为专为地面立体摄影经纬仪配套的仪器，以及既可供航测成图又可供地面摄影成图的全能仪器；有的限于测图，有的还能用于空中三角测量。

4.2.10　投影仪

投影仪（见图 4.31），又称投影机，是一种可以将图像或视频投射到幕布上的设备，可以通过不同的接口同计算机、VCD、DVD、BD、游戏机、DV 等相连接播放相应的视频信号。投影仪广泛应用于家庭、办公室、学校、娱乐场所和测量等，根据工作方式不同，可分为 CRT，LCD，DLP 等不同类型。

图 4.30　立体测图仪

按照应用环境分类，可分为家庭影院型投影仪、便携商务型投影仪、教育会议型投影仪、主流工程型投影仪、专业剧院型投影仪、测量投影仪等。其中测量投影仪又称为光学投影检量仪或光学投影比较仪，为利用光学投射的原理，将被测工件之轮廓或表机投影至观察幕上，作测量或比对的一种测量仪器，可以高效地检测各种形状复杂工件的轮廓和表面形状，主要由投影箱、主壳体和工作台三大部分构成。测量投影仪适用于以二坐标测量为目的一切应用领域，在机械、电子、仪表、塑胶等行业广泛使用。

图 4.31　投影仪

4.3　现代测量仪器

4.3.1　摄影测量系统

摄影测量系统（见图 4.32）是一种用于测绘科学技术、水利工程领域的分析仪器，用于 30 米以内大型工业尺寸的精密尺寸测量、坐标测量及检核，测量精度为 ±0.5，±（1mm+1ppm）。摄影测量技术是使用专用的测绘相机（或经过标定的普通数码相机），在现场对待测目标按照摄影测量的要求拍摄成组照片（外业），然后用计算机对照片进行解析（内业），从而获得目标空间三维尺度信息的一种测量方法。这一技术应用到建筑测绘领域有诸多优势，例如硬件购置成本低、设备便携、作业速度快，建筑测绘不再需要人员攀爬，主要工作内容就是"拍照片"，使得劳动强度大为降低。

4.3.2 数字摄影测量

数字摄影测量（见图 4.33）是指基于摄影测量的基本原理，应用计算机技术提取所摄对象用数字方式表达的几何与物理信息的测量方法。数字摄影测量的发展起源于摄影测量自动化的实践，即利用相关技术，实现真正的自动化测图。摄影测量自动化是摄影测量工作者多年来所追求的理想。最早涉及摄影测量自动化的研究可追溯到 1930 年。随着计算机技术及其应用的发展和数字图像处理、模式识别、人工智能、专家系统以及计算机视觉等学科的不断发展，数字摄影测量的内涵已远远超过了传统摄影测量的范围，现在数字摄影测量已被公认为摄影测量的第三个发展阶段。

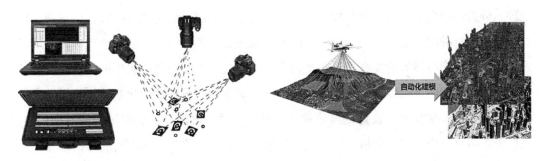

图 4.32　摄影测量系统　　　　　　　　图 4.33　数字摄影测量

4.3.3 合成孔径雷达

合成孔径雷达（Synthetic Aperture Radar，SAR）是利用一个小天线沿着长线阵的轨迹等速移动并辐射相参信号，把在不同位置接收的回波进行相干处理，从而获得较高分辨率的成像雷达，其可以在能见度极低的气象条件下得到类似光学照相的高分辨雷达图像，如图 4.34 所示。它是 20 世纪高新科技的产物，是利用合成孔径原理、脉冲压缩技术和信号处理方法，以真实的小孔径天线获得距离向和方位向双向高分辨率遥感成像的雷达系统，在成像雷达中占有绝对重要的地位。合成孔径雷达系统的成像原理简单来说就是利用目标与雷达的相对运动，通过单阵元来完成空间采样，以单阵元在不同相对空间位置上所接收的回波时间采样序列去取代由阵列天线所获取的波

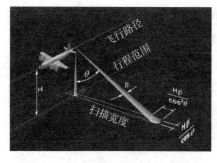

合成孔径雷达观测示意图

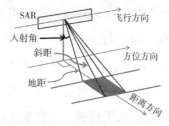

图4.34　合成孔径雷达

前空间采样集合。近年来，由于超大规模数字集成电路的发展、高速数字芯片的出现以及先进的数字信号处理算法的发展，SAR具备了全天候、全天时工作和实时处理信号的能力。它在不同频段、不同极化下可得到目标的高分辨率雷达图像，为人们提供非常有用的目标信息，已经被广泛应用于军事、经济和科技等众多领域，有着广泛的应用前景和发展潜力。

4.3.4　遥感

遥感（Remote Sensing，RS）是指非接触的、远距离的探测技术，一般指运用传感器/遥感器对物体的电磁波的辐射、反射特性进行探测，如图4.35所示。遥感是通过遥感器这类对电磁波敏感的仪器，在远离目标和非接触目标物体条件下探测目标地物，获取其反射、辐射或散射的电磁波信息（如电场、磁场、电磁波、地震波等信息），并进行提取、判定、加工处理、分析与应用的一门科学和技术。遥感系统主要由以下四大部分组成：信息源、信息获取、信息处理、信息应用。作为一门对地观测综合性科学，遥感的出现和发展既是人们认识和探索自然界的客观需要，其也有着其他技术手段与之无法比拟的特点：大面积同步观测范围广，时效性高可快速获取信息，周期性强可跟踪变化趋势，数据综合性高可同时获得多类信息，良好的经济效益和社会效益。可以广泛应用于地理数据获取、获取资源信息、应急灾害资料、自然灾害遥感、农业遥感监测、水质监测等领域。

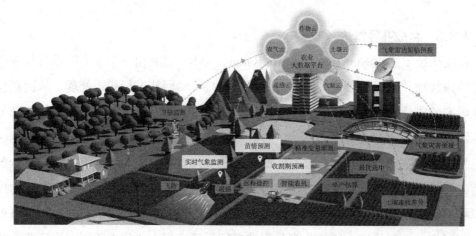

图4.35　遥感

4.3.5 地理信息系统

地理信息系统（Geographic Information System，GIS），又称为地学信息系统。它是一种十分重要的特定的空间信息系统，是在计算机硬、软件系统支持下，对整个或部分地球表层（包括大气层）空间中的有关地理分布数据进行采集、储存、管理、运算、分析、显示和描述的技术系统。地理信息系统是一门综合性学科，结合地理学与地图学以及遥感和计算机科学，已经广泛应用在不同的领域，是用于输入、存储、查询、分析和显示地理数据的计算机系统。地理信息系统是一种基于计算机的工具，它可以对空间信息进行分析和处理（简而言之，是对地球上存在的现象和发生的事件进行成图和分析），把地图这种独特的视觉化效果和地理分析功能与一般的数据库操作（例如查询和统计分析等）集成在一起。

地理信息系统（见图 4.36）属于信息系统的一类，不同在于它能运作和处理地理参照数据。地理参照数据描述地球表面（包括大气层和较浅的地表下空间）空间要素的位置和属性，GIS 中的两种地理数据成分：空间数据（与空间要素几何特性有关）和属性数据（提供空间要素的信息）。地理信息系统是一种具有信息系统空间专业形式的数据管理系统。严格意义上讲，这是一个具有集中、存储、操作和显示地理参考信息的计算机系统，例如根据在数据库中的位置对数据进行识别。地理信息系统可以分为人员、数据、硬件、软件、过程五个部分。地理信息系统技术能够应用于科学调查、资源管理、财产管理、发展规划、绘图和路线规划。例如，一个地理信息系统能使应急计划者在自然灾害的情况下较容易地计算出应急反应时间，或利用 GIS 系统来发现那些需要保护不受污染的湿地。地理信息系统（GIS）与全球定位系统（GPS）、遥感系统（RS）合称 3S 系统。

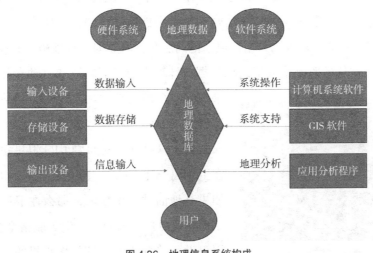

图 4.36　地理信息系统构成

4.3.6 全球卫星定位系统

全球卫星定位系统（Global Positioning System，GPS）是一个结合卫星及通信发展的技术，利用导航卫星进行测时和测距的中距离圆形轨道卫星导航系统。GPS 是美国从20 世纪 70 年代开始研制的，历时 20 余年，耗资 200 亿美元，于 1994 年全面建成，具有在海、陆、空进行全方位实施三维导航与定位能力的新一代卫星导航与定位系统。近十年我国测绘等部门的使用表明，全球定位系统以全天候、高精度、自动化、高效益等特点，赢得了广大测绘工作者的信赖，并成功地应用于大地测量、工程测量、航空摄影测量、运载工具导航和管制、地壳运动监测、工程变形监测、资源勘察、地球动力学等多种学科，从而给测绘领域带来一场深刻的技术革命。

GPS（见图 4.37）信号分为民用的标准定位服务（Standard Positioning Service，SPS）和军规的精确定位服务（Precise Positioning Service，PPS）两类。由于 SPS 无须任何授权即可任意使用，原本美国因为担心敌对国家或组织会利用 SPS 对美国发动攻击，故在民用信号中人为地加入误差（即 SA 政策，Selective Availability）以降低其精确度，使其最终定位精确度约为 100 米；军规的精度在十米以下。2000 年以后，克林顿政府决定取消对民用信号的干扰。因此，民用 GPS 也可以达到十米左右的定位精度。

GPS 系统包括三大部分：空间部分——GPS 星座（GPS 星座是由 24 颗卫星组成的星座，其中 21 颗是工作卫星，3 颗是备份卫星）；地面控制部分——地面监控系统；用户设备部分——GPS 信号接收机。GPS 的空间部分是由 24 颗工作卫星组成的，它位于距地表 20200 千米的上空，均匀分布在 6 个轨道面上（每个轨道面 4 颗），轨道倾角为55 度。此外，还有 4 颗有源备份卫星在轨运行。卫星的分布使得在全球任何地方、任何时间都可观测到 4 颗以上的卫星，并能保持良好定位解算精度的几何图像，这就提供了在时间上连续的全球导航能力。地面控制部分由一个主控站、5 个全球监测站和 3 个地面控制站组成。监测站均配装有精密的铯钟和能够连续测量到所有可见卫星的接收机。监测站将取得的卫星观测数据，包括电离层和气象数据，经过初步处理后，传送到主控站。主控站从各监测站收集跟踪数据，计算出卫星的轨道和时钟参数，然后将结果送到 3 个地面控制站。地面控制站在每颗卫星运行至上空时，把这些导航数据及主控站指令注入卫星。这种注入对每颗 GPS 卫星每天一次，并在卫星离开注入站作用范围之前进行最后的注入。如果某地面站发生故障，那么在卫星中预存的导航信息还可用一段时间，但导航精度会逐渐降低。用户设备部分即 GPS 信号接收机的主要功能是捕

图 4.37　全球卫星定位系统

获到按一定卫星截止角所选择的待测卫星，并跟踪这些卫星的运行。当接收机捕获到跟踪的卫星信号后，即可测量出接收天线至卫星的伪距离和距离的变化率，解调出卫星轨道参数等数据。根据这些数据，接收机中的微处理计算机就可按定位解算方法进行定位计算，计算出用户所在地理位置的经纬度、高度、速度、时间等信息。

4.3.7 实时动态测量

实时动态测量（Real Time Kinematic，RTK），是以载波相位观测为根据的实时差分 GPS（RTDGPS）技术，它是测量技术发展里程中的一个突破，由基准站接收机、数据链、流动站接收机三部分组成。在基准站上安置 1 台接收机为参考站，对卫星进行连续观测，并将其观测数据和测站信息，通过无线电传输设备，实时地发送给流动站，流动站 GPS 接收机在接收 GPS 卫星信号的同时，通过无线接收设备，接收基准站传输的数据，然后根据相对定位的原理，实时解算出流动站的三维坐标及其精度（即基准站和流动站坐标差 ΔX、ΔY、ΔH，加上基准坐标得到的每个点的 WGS-84 坐标，通过坐标转换参数得出流动站每个点的平面坐标 X、Y 和海拔 H）。实时动态测量可分为电台模式和网络通信模式。

实时动态测量（见图 4.38）是 GPS 动态相对定位测量的一种，是用一台接收机安设在参考点上固定不动，另一台接收机设在运动的载体上，两台接收机同步观测相同的卫星，以确定运动点相对参考点的位置。从 GPS 测量的基本原理来讲，要确定某一点的精确位置，首先要精确解算出卫星信号传播的整周未知数，实时动态测量也不例外，由于是实时定位，需要实时解算整周未知数，解算难度自然加大。与其他动态相对定位方法不同，在实时动态测量技术中，采用了载波相位观测值，参考站通过数据传输电台将其载波相位观测量及测站坐标信息一同传送到流动站，流动站接收 GPS 卫星

图 4.38　实时动态测量

的载波相位数据和来自参考站的载波相位数据，并组成相位差分观测值进行实时处理，实时地解算出每颗卫星信号的整周未知数。在实时动态测量中，使用最为广泛的是快速逼近技术和求差技术。这些解算技术可大大提高测量成果精度，目前采用这些技术可以取得厘米级定位成果。

4.3.8 北斗卫星导航系统

中国北斗卫星导航系统（BeiDou Navigation Satellite System，BDS）是中国自行研制的全球卫星导航系统，是中国着眼于国家安全和经济社会发展需要，自主建设、独立运行的卫星导航系统，是为全球用户提供全天候、全天时、高精度的定位、导航和授

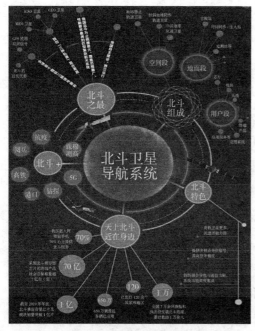

图 4.39 北斗卫星导航系统

时服务的国家重要空间基础设施，也是继 GPS、GLONASS 之后的第三个成熟的卫星导航系统。中国 BDS 和美国 GPS、俄罗斯 GLONASS、欧盟 GALILEO，是联合国卫星导航委员会已认定的供应商。

北斗卫星导航系统（见图 4.39）由空间段、地面段和用户段三部分组成。空间段由若干地球静止轨道卫星、倾斜地球同步轨道卫星和中圆地球轨道卫星组成；地面段包括主控站、时间同步/注入站和监测站等若干地面站，以及星间链路运行管理设施；用户段包括北斗及兼容其他卫星导航系统的芯片、模块、天线等基础产品，以及终端设备、应用系统与应用服务等。北斗卫星导航系统可在全球范围内全天候、全天时为各类用户提供高精度、高可靠的定位、导航、授时服务，并且具备短报文通信能力，已经初步具备区域导航、定位和授时能力，定位精度为分米、厘米级别，测速精度为 0.2 米/秒，授时精度为 10 纳秒。随着北斗系统建设和服务能力的发展，相关产品已广泛应用于交通运输、海洋渔业、水文监测、气象预报、测绘地理信息、森林防火、通信时统、电力调度、救灾减灾、应急搜救等领域，并逐步渗透人类社会生产和人们生活的方方面面，为全球经济和社会发展注入新的活力。未来，北斗卫星导航系统将持续提升服务性能，扩展服务功能，增强连续稳定运行能力，进一步提升全球基本导航和区域短报文通信服务能力，并实现全球短报文通信、星基增强、国际搜救、精密单点定位等服务能力。

4.3.9　无人机

无人机（Unmanned Aerial Vehicles，UAV）是利用无线电遥控设备和自备的程序控制装置操纵的不载人飞机，或者由车载计算机完全或间歇地自主操作。无人机（见图 4.40）按应用领域可分为军用与民用。军用方面，无人机又可分为侦察机和靶机。民用方面，无人机 + 行业应用，是无人机真正的刚需；在航拍、农业、植保、微型自拍、快递运输、灾难救援、观察野生动物、监控传染病、测绘、新闻报道、电力巡检、救灾、影视拍摄、制造浪漫等领域的应用，大大拓展了无人机本身的用途，发达国家也在积极扩展行业应用与发展无人机技术。2018 年 9 月，世界海关组织协调制度委员会（HSC）第 62 次会议决定，将无人机归类为"会飞的照相机"。

20 世纪 80 年代，随着计算机技术和互联网技术的迅速发展，无人机的发展突破了许多技术瓶颈，而伴随着加速度传感器、磁传感器、倾角传感器、电流传感器、发动机进气流量传感器等多种体积小、科技含量高、重量轻的传感器的诞生，无人机摄影测量技术得到了质的飞跃。凭借独特的优势，无人机摄影测量系统已

图 4.40　无人机

经进入了实际应用阶段，并在许多领域都拥有广阔的前景。

　　无人机硬件的基本结构一般包括飞行平台和地面站。飞行平台就是无人机的机体本身，从大方向来说一般包括飞行器机体、摄影系统、飞空系统和通信系统。地面站就是执行任务时人为操控的系统设备，大致分为通信系统、任务系统和监控系统。无人机作业流程大致分为前期规划、外业测绘以及内业影像处理三个部分。前期规划的内容包括实际场地勘察和航线规划，由于地形影响飞行的实际操作和飞机起降点的选取，野外像控点的布设也会根据地形的起伏而有疏密的变化，所以前期的资料收集和任务整体规划尤为重要。外业测绘包括飞机机体拼装、实际航线设定、飞行航向预设和操控飞行、飞机回收等。内业影像处理主要包括基于空中数据建立模型和影像处理，经过一系列的影像的拼接、裁剪和镶嵌等步骤最终获取成果。

　　利用无人机获取测绘资料。无人机遥感技术与传统的影像测绘技术最大的差异，就是空中时飞行偏角较大，像幅相较传统手段更小。而无人机遥感技术的这些特点，可能会导致无人机在拍摄影像资料的过程中出现一些漏洞。因此，相关技术人员可以有效地利用空中三角测量技术，对拍摄中存在的一些问题进行及时的纠正和修复。但值得注意的是，由于无人机遥感技术对飞行平台要求较为严格，技术人员必须根据建设项目具体地貌，合理地使用这一技术。

　　无人机可以适应恶劣测绘条件。由于我国陆地面积非常广阔，地质类型非常丰富，因此，项目工程施工环境也难以预测，可能处于丛林、高山等非常恶劣的施工环境。在这些恶劣的施工环境下，难以通过传统的测绘手段开展测绘工程。而无人机遥感技术，就能够很好地克服传统测绘手段的限制，通过低空无人机航拍，能够有效地对环境数据进行分析，并进一步得出具体的测量结果。除此之外，现在无人机遥感技术当中，都搭配了一个完善的航空拍摄系统，能够实时、智能地对拍摄数据进行全自动的分析和统计，使用起来非常简单。因此，无人机遥感技术在恶劣区域开发，以及我国新农村建设当中，能够发挥非常广泛的作用。

4.3.10　数字化测绘技术

数字化测绘技术（见图 4.41）在工程测绘实践中被广泛使用，并对工程项目的建设

进度和整体质量产生重要影响。运用数字化测绘技术不仅提高了工程测绘的效率，而且确保了工程测绘的准确性，进而有效确保工程项目的整体质量，促使工程测绘朝着更好的方向发展。

数字化测绘技术具有自动化程度高、精度高、存储方便的优势。①自动化程度高。该项技术可以进行自动化信息集成，使测绘数据信息的采集与整理效率得到很大程度的提升，同时其可以对数据进行自动化处理，进而能够达到识别测量目标与详细计算测绘数据等效果，数字化测绘技术的自动化还体现在管理水平上，其可以对各类数据进行更为科学的管理。②精度高。测量数据作为电子数据格式能够进行自动传输、记录、存储、处理和成图，同时进行上述工作时不会对原始数据的精度造成任何影响，这当中不会出现传统测图中的视距误差、方向误差、展点误差，进而使工程测绘工程的精度得到保障。③存储方便。与使用传统的工程测绘方法相比，利用数字化测绘技术更有利于测绘数据的记录与储存。

数字化测绘技术包括 GPS 技术、GIS 技术、RS 技术。GPS 技术就是全球定位系统，它可以为测绘工程提供高精度和高准确度的平面坐标和高程，或者通过计算机软件用立体的形式呈现出来。GIS 技术就是地理信息系统，在工程测绘工作中应用范围非常广泛，一方面能对地理信息收集、分析、处理和保存，为后期处理提供基础数据；另一方面能做到预测与预报、空间提示和辅助决策。RS 技术即遥感技术，就是运用电磁波来感知、传播目标物体，并分析目标特征，展开测绘工作。数字化测绘技术在工程测绘中的应用包括原图数字化、高度测量、地面数字化等。

所谓的"3S"技术，主要包括遥感、全球定位以及地理信息三个主要系统。一般情况下，"3S"技术的集成可以通过不同的技术实现，比较简单的便是用户将分开的三个系统进行综合使用，相对复杂的是将三个系统放在同一个界面中进行使用，而最实用

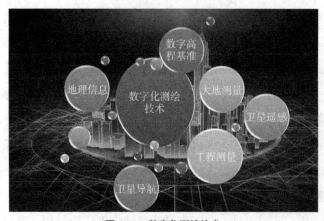

图 4.41　数字化测绘技术

的方法便是将三个系统进行融合，使其形成一个有机整体，只有这样，才能够将"3S"技术的应用优势充分发挥出来，应用的实际效果也更加显著。如果单从软件层面来看，集成"3S"技术的难度并不是非常大，现阶段普遍运用的实施方案是运用支持栅格数据的方法对遥感系统进行集成，之后通过增加动态涂层的方式对全球定位系统进行集成。从"3S"技术集成的角度出发，最关键的便是对遥感系统与全球定位系统数据获取能力的准确把握，仅通过降低成本或运用简单的测绘技术，是无法真正实现"3S"技术实际应用的。"3S"集成技术，现已在土地资源规划管理、水利工程、物联网、土地调查等方面有着较为成熟的应用。

4.3.11 测量机器人

测量机器人（见图4.42）是可以代替人类进行自动搜索、辨别、跟踪并获取准确角度、距离、坐标以及图像等数据信息的智能化电子仪器，其应用影响传感器以及其他相关传感器对地形测量中的目标进行精准识别，并且快速地做出分析以及判断，可以完成自我控制，自动对地形信息进行拍摄、数据读取等智能化操作，可以完美地取代人工操作。

图 4.42 测量机器人

目前的测量机器人主要有三大类：①应用被动式的三角或者极坐标方法对地形进行测量，就是指在被测的物体上设置相应的标志，应用反射棱镜进行测量；②采取主动式的三角测量法，将结构光作为照准的标志，其是由发电机、计算机以及传感器中的电子经纬仪构成的，利用角度交会的方法来确定精准坐标；③单独目标测量，根据地面物体的主要特征，利用影像处理进行自动识别，找到准确的目标点，利用空间交会原理进行三维坐标获取。

测量机器人应用马达照准部以及望远镜的转动进行自动识别，以及使用照准棱镜进行测量。其测量的主要原理是仪器向目标位置发出激光信号，由棱镜反射回来，被仪器中的传感器接收，然后计算出反射光的中心位置，进而得出改正的具体数据，然后开启马达，使测量机器人面向棱镜，精确地照准目标。

在具体的地形测量工作当中，GPS、计算机以及测量仪器受地理环境等因素的限制很难统一实施，主要是由于有的特殊地理环境（如高山）挡住了GPS信号，使GPS接受仪器无法正常工作。目前，测量机器人的应用可以解决这个难题，利用新的测量系统可以自动采集到测量点信息，并且将其记录下来，在综合测量软件采集到地形深度等相关数据时，测量机器人也可以自动获取与之契合的平面坐标，然后把这两种数据有效地整合在一起，进而得出准确完整的三维坐标数据，有效完成地形测量工作，进而提升地面等相关建设的质量以及效率，促进测绘技术快速发展。

测量机器人应用的具体流程：①在测量之前进行完善的准备，将控制点引入测量的区域之内，选择最好的设站点，将反射棱镜安装在测量仪器的上方，使反射棱镜处于测量设备的顶端，否则可能会出现遮挡棱镜造成测量数据终端的状况。②按照一体化的基本模式进行具体测量操作，把测深的仪器、GPS系统以及计算机连接在一起，开启测量的软件，设置测量仪器的参数，保证各项测量设备的正常运行。③将全站仪架好，开启相关的测量软件，在菜单中选择新建任务，进行相关的测站设置，照准目标以及反射棱镜，打开锁定的开关，进入地形菜单，设置起始点以及采样的时间间隔，启动开始键，使测量机器人开始自动测量状态。

另外，在地形测量以及自动化测绘的过程中，要保证测量软件的点号以及测量机器人的点号一致，基站工作人员要严格地关注监视器，在这个过程中可能会受到外界因素的干扰，出现掉点的现象，此时要做好点号的记录工作，假如干扰的效果过强，需要暂时结束测量，等待干扰消除，再重新进行地形测量工作。

4.4　软件

4.4.1　ArcGIS

ArcGIS软件（见图4.43）是美国环境系统研究所公司（Environmental Systems Research Institute, Inc., ESRI）开发的一款地理信息软件。自1978年第一款GIS软件问世以来，ESRI公司的软件产品不断更新和扩展，ArcGIS 9.x系列产品在全世界地理信息、地图编绘、数据库建设等方面普遍应用。ArcGIS软件在业界以功能齐全、覆盖领域广、处理数据量大、算法先进等特点赢得使用者赞许。它集合了数据处理、二次开发、人工智能、Web技术等先进计算机技术。目前ArcGIS软件已升级至ArcGIS 10.7，应用于各类图形、网络平台。

ArcGIS是一个集合了Desktop（一体化桌面GIS系统）、ArcSDE（后台数据接口管理系统）和ArcIMS（网络数据服务系统）的系统。Desktop旗下有四款子产品：ArcView（地理数据分析系统）、ArcEditor（地理数据编辑系统）、ArcInfo（基于点、线、面和表面的建模系统）和ArcReader（多方式用户部署浏览系统）。Arcinfo除拥有ArcView和ArcEditor二者全部功能外，还具备数据分析、加工、处理等功能，并包括工作站（Arcinfo Workstation）。ArcReader是基于多种平台浏览电子地图的系统。

Desktop有ArcInfo、ArcReader、ArcView和ArcEditor4类应用环境；ArcMap、ArcCatalog、ArcToolbox是桌面系统的第三级应用软件。ArcMap主要用于数据输出、查询，ArcCatalog负责空间数据、属性数据的生成、集合管理和数据组织，ArcToolbox提供各类模块化工具以支持数据间转换。三种三级软件各司其职、功能互补，在应用环境、

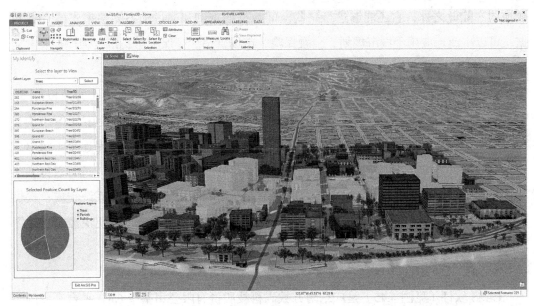

图 4.43　ArcGIS

用户界面和操作上相统一。在空间非空间地理数据的分析、变换、投影、编辑处理、绘图、符号表示和文件组织等方面共同为制图者提供自动化程序。

4.4.2　MapInfo

MapInfo（见图 4.44）是美国 MapInfo 公司研发的桌面地理信息系统，是一种集数据可视化和信息地图化的桌面办公软件。它依据地图及其应用的概念，集成多种数据库数据、融合计算机地图方法，实现对空间数据的办公自动化的操作。MapInfo 使用地理数据库技术，具有一般地理信息系统所具有的数据查询、编辑与分析功能，同时支持 Web 发布、二次研发的大众化地理信息软件系统。MapInfo 的含义是 "Mapping+Information（地图＋信息）"，意为地理信息集成系统，即地图对象＋属性数据。

MapInfo 常用的产品包括 MapInfo Professional、应用于网络环境下的地图应用服务器 MapInfo ProServer、在 MapInfo 平台上开发用户定制程序的编程语言 MapBasic 以及对象类别扩充组件（OCX）的 MapInfo MapX。MapInfo Professional 是 MapInfo 国内公司主要软件产品，它支持多种本地或者远程数据库，能够较好地实现数据的可视化，生产各种专

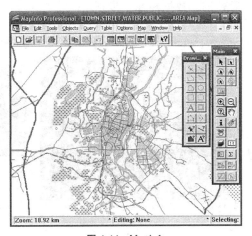

图 4.44　MapInfo

题地图。除此之外，它还能够进行一些空间数据的查询和通过动态图层来支持 GPS 数据，可以广泛地应用于城市规划、金融保险、市场营销、环保卫生、市政管理、公共交通、邮电通信、石油地质、土地资源管理、人口管理等领域。

MapInfo 的软件开发思想是支持窗口化操作，如工具条、拖放技术、剪贴板技术、支持对象连接与嵌入（OLE）技术、邮件发送等；支持多种用户环境，包括 CIS 结构和 B/S 结构（包括 Internet 和 Intranet）等各种体系结构；支持开放的数据库连接（ODBC）技术，数据具有可交换性，支持数据变换，使不同的数据库系统之间可以进行数据共享和链接；提供二次开发语言 MapBasic，用于扩展 MapInfo 功能，有利于系统集成；提供 MapInfoMapX 组件，可使用如 VB、VC++、Delphi 等标准程序语言，方便快捷地将地图功能集成到任何应用中。

4.4.3　CASS

CASS 软件（见图 4.45）是广东南方数码科技股份有限公司基于 CAD 平台开发的一套集地形、地籍、空间数据建库、工程应用、土石方算量等功能为一体的软件系统。自 CASS 软件推出以来，软件销量超过 18000 套，市场占有率遥遥领先，已经成为业内应用最广、使用最方便快捷的软件品牌，也是用户量最大、升级最快、服务最好的主流成图和土石方计算软件系统。CASS 软件经过十几年的稳定发展，市场和技术十分成熟，用户遍及全国各地，涵盖测绘、国土、规划、房产、市政、环保、地质、交通、水利、电力、矿山及相关行业，得到了用户的一致好评。

CASS 采用全球公认的最优秀图形与设计平台 AutoCAD，跟随和应用 AutoCAD 的最新技术成果并积累了丰富的开发经验。为满足不同用户的需求，CASS 打破以制图为核心的传统模式，结合在成图和入库数据整理领域的丰富经验，真正实现了数据成图建库一体化，同时满足地形地籍专业制图和 GIS 建库的需要，减少重复劳动。数据生产、图形处理、数据建库一步到位。

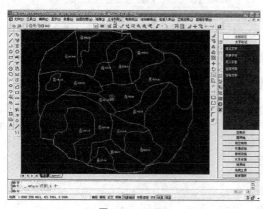

图 4.45　CASS

CASS 软件可用于土地勘测定界、城市部件调查、土方计算功能等。土地勘测定界，是"金土工程"计划的重要内容，其界定土地使用范围、测定界址位置、计算用地面积等内容，是为国土资源行政主管部门用地审批和地籍管理提供科学准确的基础资料而进行的技术服务工作。CASS 城市部件调查主要功能包括城市部件统一编码，城市部件制图、显示，统一属性数据结构，便捷的属性数据录入、修改、查询、统计；土方计算功能，CASS 系统提供了方格网法、DTM 法、等高线法和断面法等丰富的土方计算方法，对不同的工程条件可灵活地采用合适的土方计算模型。

4.4.4 AutoCAD

AutoCAD（Autodesk Computer Aided Design）是 Autodesk 公司首次于 1982 年开发的自动计算机辅助设计软件，绘制二维制图和基本三维设计，可以用于工程测量、土木建筑，工业制图等多方面领域，现已经成为国际上广为流行的绘图工具。

AutoCAD（见图 4.46）具有良好的用户界面，通过交互菜单或命令行方式便可以进行各种操作。它的多文档设计环境，让非计算机专业人员也能很快地学会使用。在不断实践的过程中更好地掌握它的各种应用和开发技巧，从而不断提高工作效率。AutoCAD 具有广泛的适应性，可以在各种操作系统支持的微型计算机和工作站上运行。

在 AutoCAD 2019 之前，用户需要以固定期限的使用许可方式分别订购 AutoCAD 工具组合，而在 AutoCAD 2019 之后，订阅用户可根据自身需求和意愿选择、下载和使用任一或全部的工具组合，即 AutoCAD 针对某一特殊行业开发的行业版本 AutoCAD，即可从超过 75 万个的智能对象、样式、部件、特性和符号中进行任意选择，从而在业务需求千变万化的情况下，始终保持高效的工作状态。如 Architecture 、Electrical、Map 3D、Mechanical、MEP、Plant 3D、Raster Design 工具组合等。

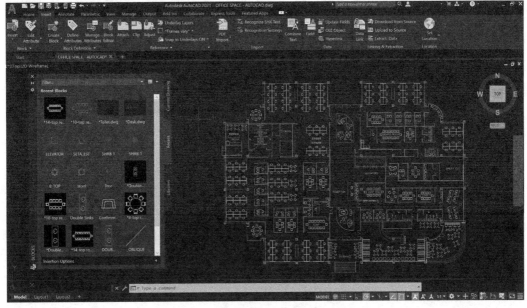

图 4.46 AutoCAD

4.4.5　Excel

Excel（见图 4.47）是 Microsoft 为使用 Windows 和 Apple Macintosh 操作系统的电脑编写的一款电子表格软件。直观的界面、出色的计算功能和图表工具，再加上成功的市场营销，使 Excel 成为最流行的个人计算机数据处理软件。1993 年，作为 Microsoft Office 的组件发布了 5.0 版之后，Excel 就成为所适用操作平台上的电子制表软件的霸主。对于工程测量，Excel 也可以用来进行如测量平差计算等的计算。

Excel 的一些基本计算。打开 Excel 后会显示一张空表格，可以把所要处理的原始数据依次输入相应的单元格中。当原始数据输入完毕后，再在需要显示结果的相应单元格内输入计算公式时，Excel 则会按照公式自动计算出结果，如支导线坐标计算、高程计算、坐标正反算等。

三角函数在 Excel 中的处理方法。在测量计算中，除了加、减、乘、除、开方外，最常用的还有角度与三角函数的处理。Excel 中备有常用的各种函数，各种三角函数也齐全，但角度是按弧度为单位处理的，在计算过程中涉及角度的度、分、秒形式与弧度的相互转换。

Excel 的功能非常强大，能够完成数据的排序、分类汇总、函数计算、统计、自动生成统计图表、数据库编辑等功能，所有计算过程都以表格形式体现，可以直接输出或被 Word 调用形成报告的插表。更详细的说明请参阅 Excel 软件操作手册或帮助文件。

4.4.6　若愚工程测量系统软件

若愚工程测量系统软件（见图 4.48）是四川若愚科技有限责任公司开发的一款集自动采集数据、自动分析数据、自动计算、自动成图、自动记录于一体的智能型外业测量软件，是目前测量外业软件中功能全面、自动化程度高、专业的一款软件。

若愚工程测量系统软件分为八大功能模块，包含公路、桥梁、隧道、市政、水利、测绘等工程测量软件 50 余个，综合功能软件量达 70 余个，该套系统可满足多种工程类型测量、施工、资料的需要。若愚工程测量系统联机性能稳定，目前支持市面上 90%

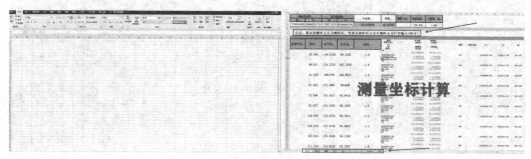

图 4.47　Excel

的全站仪。现已与南方、科力达、索佳、宾得、徕卡、拓普康、尼康、瑞得、蔡司、欧波、苏光、三鼎、北光博飞、中翰、中纬等品牌的全站仪建立稳定数据通信。

《测量设置》为若愚工程测量系统软件使用前期设置模块，使用该系统前应先进入该模块进行设置，该模块共包含 5 个软件：①《若愚网站》软件：快速进入若愚官方网站、若愚淘宝网店、优酷在线观看视频教程、百度云网盘下载原版视频教程；②《仪器联机》软件：平板电脑与全站仪无线蓝牙联机设置参数，若需要采集数据需先进行该软件设置并打开端口测试；③《测站设置》软件：测站点和后视点数据提取及后视方位角、距离等计算，为若愚软件的基本设置，进入其他需采集数据的软件前应先进行该软件的设置；④《后方交会》软件：通过后方交会计算任意测站点三维坐标数据，需自由设站时应进行该软件设置；⑤《数据录入》软件：工程项目参数文件录入软件，包括平曲线、竖曲线、超过加宽、断链、隧道拱曲线、隧道掌测点位、平交口设计高程、导线点、坐标放样数据的录入。

4.4.7 南方平差易平差软件

南方平差易平差软件（见图 4.49）是在 Windows 系统下用 VC 开发的控制测量数据处理软件，也是南方测绘 Adjust（南方平差大全）软件的升级产品。它一改过去单一的表格输入，采用了 Windows 风格的数据输入技术和多种数据接口（南方系列产品接口、其他软件文件接口），同时辅以网图动态显示，实现了从数据采集、数据处理和成果打印的一体化。成果输出丰富强大、多种多样，平差报告完整详细，报告内容也可根据用户需要自行定制，另有详细的精度统计和网形分析信息等。其界面友好、功能强大、操作简便，是控制测量理想的数据处理工具。

平差易 2005 主界面中包括测站信息区、观测信息区、图形显示区以及顶部下拉菜单和工具条。下拉菜单：所有 PA2005 的功能都包含在顶部的下拉菜单中。工具条：具有保存、打印、视图显示、平差和查看平差报告等功能。观测信息区：显示观测详

图 4.48　若愚工程测量系统软件

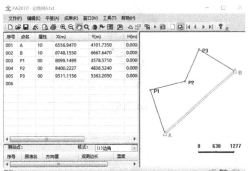

图 4.49　南方平差易平差软件

细信息数据的区域。图形显示区：显示观测信息表格最终呈现的图形区域。可以通过操作平差易下拉菜单来完成平差计算的所有工作，例如文件读入和保存、平差计算、成果输出等。

软件具有如下功能：可以测试产品数据的平差；可以测试工程分析数据以及地理测试数据的平差；可以自动统计出数据的分析精度；可以提示最小的弱点信息以及测试的最高数值；可以将工程测试的平差结果输出到 CAD 上使用；可以将您测试的数据另存为合适 CAD 使用的 DWG 格式；支持将计算的结果输出图文保存，方便在图纸查看结果；支持一个"成果"项目，可以测试所有的平差数据；支持将测试的结果输出到 Word 软件上进一步编辑结果说明；支持将平差输出到 CASS 坐标文件。

4.4.8 谷歌地图 / 百度地图 / 高德地图

谷歌地图（见图 4.50a）由卫星图、地形图以及基础矢量地图构成。谷歌地图具有分辨率高、全球覆盖、功能强大的优点。然而随着谷歌退出中国市场，谷歌地图开发的应用受到网络访问限制，出现运行速度慢甚至访问失败问题。百度地图（见图 4.50b）是由百度公司提供的网络地图服务，使用的地图数据由四维图新提供。百度地图具有定位精度高、地图更新速度快、国内覆盖率高、系统兼容性较好等优点。高德地图（见图 4.50c）不但提供优质导航、定位以及电子地图服务，而且具有互联网地图服务的甲级测绘资质地图数据供应商。目前，各地图服务商均对外展示了多种类型的地图，从普通街道地图到遥感影像图、地形图和建筑物 3D 图。

4.4.9 ESDPS

ESDPS（见图 4.51）是一款专业的工程测量数据处理系统。系统充分吸收了一些大型工程数据测量公司的处理理念，具有操作简单、使用方便、功能齐全的特点，能够独立完成工程测量开展的各种活动安排。

（a）谷歌地图　　　　　（b）百度地图　　　　　（c）高德地图

图 4.50　谷歌地图 / 百度地图 / 高德地图

ESDPS 主要包括路线辅助设计、曲线放样、公路设计、导线平差、水准平差、坐标换算、土方计算、测量工具箱及道路测设等功能模块，可以实现对数据处理流程的完美控制，节省时间和精力，提高用户满意度。

主要功能：路线辅助设计，曲线放样，公路设计，导线平差，水准平差，交

图 4.51　ESDPS

会计算，坐标换算，分幅图号计算，面积计算，等高线绘制、土方计算，测量工具箱，道路测设，基本图形处理功能。路线辅助设计：单交点平曲线、切基线平曲线、复曲线、S 形曲线等路线辅助设计。曲线放样：包含所有曲线的逐桩坐标计算，批量立交匝道坐标计算，计算精度高。公路设计：批量横断面出图，路基土石方计算，路基纵断面，横净距等功能。导线平差：闭和、符合、支导线、不定向导线平差计算。水准平差：闭和、符合、支水准平差计算。交会计算：常见的交会计算。坐标换算：高斯正反算、换带计算、坐标换算等功能。分幅图号计算：图幅坐标计算。面积计算：多边形面积计算。等高线绘制、土方计算：根据离散点建立数字地面模型，绘制等高线，并采用方格网法计算土方，采用优化数学模型，计算精度高。测量工具箱：常见的测绘小工具。道路测设：道路全线数据处理，包括平曲线、竖曲线，超高、加宽、平面设计图、纵断面设计图、道路透视图等。基本图形处理功能：如绘图、缩放、平移、测距、测面积、测方位角等。

4.4.10　BIM

建筑信息模型（Building Information Modeling，BIM）技术是一种应用于工程设计、建造、管理的数据化工具，通过对建筑的数据化、信息化模型整合，在项目策划、运行和维护的全生命周期过程中进行共享和传递，使工程技术人员对各种建筑信息做出正确理解和高效应对，为设计团队以及包括建筑、运营单位在内的各方建设主体提供协同工作的基础，在提高生产效率、节约成本和缩短工期方面发挥重要作用。

BIM 技术（见图 4.52）是 Autodesk 公司于 2002 年率先提出的，已经在全球范围内得到业界的广泛认可，它可以帮助实现建筑信息的集成，从建筑的设计、施工、运行直至建筑全生命周期的终结，各种信息始终整合于一个三维模型信息数据库中，设计团队、施工单位、设施运营部门和业主等各方人员可以基于 BIM 进行协同工作，有效提高工作效率、节省资源、降低成本，以实现可持续发展。

BIM 的核心是通过建立虚拟的建筑工程三维模型，利用数字化技术，为这个模型提

供完整的、与实际情况一致的建筑工程信息库。该信息库不仅包含描述建筑物构件的几何信息、专业属性及状态信息，还包含了非构件对象（如空间、运动行为）的状态信息。借助这个包含建筑工程信息的三维模型，大大提高了建筑工程的信息集成化程度，从而为建筑工程项目的相关利益方提供了一个工程信息交换和共享的平台。BIM 具有如下特征：它不仅可以在设计中应用，还可应用于建设工程项目的全生命周期中；用 BIM 进行设计属于数字化设计；BIM 的数据库是动态变化的，在应用过程中不断更新、丰富和充实；为项目参与各方提供了协同工作的平台。

2020 年 8 月 28 日，住房和城乡建设部、教育部、科学技术部、工业和信息化部等九部门联合印发《关于加快新型建筑工业化发展的若干意见》。意见提出：大力推广建筑信息模型（BIM）技术。加快推进 BIM 技术在新型建筑工业化全寿命期的一体化集成应用。充分利用社会资源，共同建立、维护基于 BIM 技术的标准化部品部件库，实现设计、采购、生产、建造、交付、运行维护等阶段的信息互联互通和交互共享。试点推进 BIM 报建审批和施工图 BIM 审图模式，推进与城市信息模型（CIM）平台的融通联动，提高信息化监管能力，提高建筑行业全产业链资源配置效率。

图 4.52　BIM

第 5 章

应用篇

5.1 经济建设

5.1.1 房屋建筑工程

现代测绘技术在房屋建筑工程（见图 5.1）中的应用包括全球卫星定位系统（GPS）、遥感（RS）和地理信息系统（GIS）等。

（1）GPS 技术在房屋建筑工程中的应用

随着 GPS 技术的成熟，该技术被应用于各个领域，也在房屋建筑工程中有所应用。

第一，GPS 技术参数的确定。GPS 全球定位系统的技术参数主要包括以下四个方面：①设计精度：根据工程需要和测区情况，选择特定的地区等级 GPS 网作为测区首级控制网。②设计基准和网形：控制网共 12 个点，其中联测已知平面控制点 2 个、高程控制点 5 个，采用 3 台 GPS 接收机观测，网形布设成边连式。③观测计划：根据 GPS 卫星的可见预报图和几何图形强度，选择最佳观测时段，并制定作业调度表。

第二，GPS 技术测量的外业实施。在应用 GPS 测量时，卫星主要被作为空间观测目标，形成了不需要地面点的后方交会，每台接收机都有自己的控制点，通过接收到的数据解算出点的经纬坐标，多台接收机同时接收数据便形成了很多三角网形参与平差解算，自由网无约束平差解算出其坐标，然后把已知的控制点进行约束平差得到坐标。GPS 联测和高等级导线在各个单位均有各自不同软件和方法平差解算。在做较长距离导线测量时需对产生的投影变形进行校正。

第三，GPS 技术测量的数据处理。GPS 接收机观测基本实现了自动化、智能化，观测时间也在不断减少，作业强度不断降低，观测时卫星的空间分布和卫星信号的质量影响观测的效果。个别点受地形条件限制，影响对卫星的观测及信号的质量。因此，要严格按有关要求选点，选择最佳时段观测，注意满足接收卫星信号的质量和已知数据的

（a）房屋建筑工程　　　　　　　　　　（b）房屋建筑测绘

图 5.1　房屋建筑工程

数量、精度，即可快捷、方便地得出符合要求的坐标。

（2）无人机遥感技术在房屋建筑工程中的应用

第一，外业数据采集。在外业数据采集过程中，应注意以下几点：①做好飞行高度的控制工作，对区域基础资料进行采集，如区位条件、房屋类型、房屋高度等，以此为基础确定无人机飞行高度。考虑到房屋建筑密度相对较高，无人机飞行高度会控制在100~150 米，以满足信息采集的基础需求。②合理布设控制点，参考测绘规范要求，采用 GPS-RTK 技术来完成测量数据采集，为了方便无人机采集图像整理与修正，需要对照片控制点进行合理布置。通常情况下，该控制点会均匀布设在区域网络中，以提升数据分析结果的合理性。③对航测参数进行合理控制，结合区域实际情况明确具体的飞行参数，整个飞行过程的重叠度为 70% 左右，同时也需要统一摄像参数，采集帧率统一的航测数据，便于后续整理工作的顺利进行。④通常情况下，在垂直方向和单向上的飞行线均为 S 线，而摄像机倾角控制在 45 度，从而满足不同状态下对测绘工作的要求。

第二，内业数据整理。在内业整理活动中，需要注意以下三点：一是进行采集图像预处理，该环节的主要工作内容是对采集到的遥感信息进行质量校核，查看是否存在变形、畸形、错误、模糊的数据，清除不满足要求的数据，提高数据整理结果的完整性和准确性。二是室内图像控制点的筛选，利用遥感设备采集到的图像控制点，其精准度需要控制在 0.1 毫米，同时该控制点也需要选择高程度变化情况较小的参数点，满足数据整理的基础需求。三是进行空间加密处理，在此过程中，借助其他的处理软件，选定区域内的控制点来组建调整单元，同时在数据整理过程中，也会利用共线方程来参与数据整理，同时建立相应的坐标体系，根据现有特征点，来完成其他特征点坐标的计算，进而形成满足区域分析要求的特征点云。四是进行图像密集匹配处理，在此过程中，需要应用图像匹配算法对特征点进行处理，从而提升数据分析结果的可靠性。

第三，三维建模处理。在具体的工作过程中，其内容包含以下三部分：一是根据规范性要求，建立空间坐标系，根据已知标准点数据，在坐标系中完成定位，这也是后续建模处理时需要重点关注的内容。二是做好稠密匹配工作，在具体的作业过程中，需要对特征点数据进行匹配，同时借助图像模型的转变规律来完成特征点整理，以得到比较完整和准确的图像坐标。三是进行图像拼接处理，利用运算方程对图像进行拼接和尺度清理，同时也需要对分辨率内容进行统一，得到可靠的三维模型，对于三维模型参数进行再一次校核，确定没有问题之后可以出具专题图形。

（3）地理信息系统在房屋建筑工程中的应用

第一，房屋原始数据积累。通过房产测绘、土地，运用数据规范的 CAD 制图软件，在符合 GIS 要求的条件下，对房屋原始数据进行积累。在具体的录入过程中，其内容有房屋区域自然信息、房屋产权信息、房屋面积信息等，这些数据都可以借助地理信息系统进行获取，而且在具体应用中，这些数据也是进行房屋建设或管理的重要参考依据。例如，居民在办理房产证时，这些数据都是维权的重要保障，而且数据录入具备可查性，提高了数据信息的真实性，为房屋测绘信息数据化管理奠定了基础。

第二，运用GIS建立房屋信息相关体系。每一幢房屋在二维数字图当中均显示为一个闭合型的几何图，并且通过房屋的要素相关一条房屋的天然特征信息，如果某房屋如果是产权个人的疑问，那么就相对简单，能够将一对一形式的数据联系构建，但是，在开展实践管理期间，此种情况出现较少。在对房产展开大面积测绘以及首次形成房产信息系统期间，必须综合财力、物力、人力与时间等条件。如果在中小型城市展开此项工作，因为测绘的面积不大，上述目标较易达成。但是，对于分层、分户的测绘工作而言，工作量要更大，对房产展开分户、分层的测绘，会与政策相靠，造成房产大面积测绘工作无法同期开展。

第三，区域性GIS系统的应用。将实际使用部门同测绘信息成果相融合，能够在部门的内部形成GIS服务系统。将条块分割的特征加以运用，例如机构、体制、组织等。房屋建筑工程之间存在着关联性和差异性，如房屋内部空间设计、整体风格修正等，依托于地理信息系统，对于这些内容，可以根据实际需求进行分类。

地理信息系统会对房屋应用的基础信息进行采集，随后借助数字技术、大数据技术对信息进行处理，其内容包括数字化空间数据转换、向量关系匹配、数据信息归类等。房屋测绘工作涉及许多内容，如管线分布情况、建筑层高、室内面积等，对此地理信息系统进行数据处理时，也会参照该内容进行信息归类，同时做好投影坐标的整合工作，将其转换为系统方便识别整理的数据，从而提升采集数据的实用价值。

5.1.2 水利工程

由于现代农业快速发展，水利工程的规模不断扩大。水利工程（见图5.2）具有工期长、任务重的特点，所以需要在较短时间内提供大量的数据，这就对测绘技术提出了更高的要求，仅仅依靠传统的测绘作业模式无法满足水利工程对数据的需求，所以需要利用现代化的测绘技术来为水利工程提供良好的服务。

（1）在大型水利工程中的应用

在南水北调、三峡水利枢纽等大型的水利工程建设中，现代测绘技术深入各个阶段。勘测施工的坐标框架即控制网的建立，已由GPS定位代替传统的三角测量。目前除大范围（400平方千米以上）控制测量以外，GPS定位从静态定位后处理向实时动态定位方向发展。从单纯的精密定位处理向建立特定勘测施工坐标系方向发展。勘测阶段已完全采用全数字摄影测量技术和野外数字测图技术获得数字地形图。目前，勘测技术开始向机载激光测量和电荷耦合器件（Charge Coupled Device，CCD）航摄集成技术过渡，以获取真实三维数字地图。利用数字地形图可以实现三维虚拟现实，在三维可视化可量测景观上呈现多种工程设计方案，实现各种工程设计仿真，并及时计算出相应的土石方工程量，做出该区域环境评估，以提供最优化设计方案。

在水利工程施工建设和现场管理中，采取了大量的现代数字测绘手段。目前除大量采用全站仪进行施工放样、土石方验收，采用数字水准仪测定挖填深度、测量坡度外，还有三维近地激光影像扫描、GPS –RTK 实时测图与工程放样、航空摄影和卫星摄影测量等方法可进行实时的工程进度管理，还可辅以移动通信和网络通信等手段，实现远程实时监控。在山体开挖、隧道开凿等危险施工中，智能全站仪或 GPS 与 GIS 集成技术可实现工程机械的自动化运行和工程安全及质量监控。智能全站仪可以控制机械掘进（隧道）的位置和方向，GPS 可以实时确定施工车辆的位置和姿态，可实现现场土方自动挖掘控制和工程量精密计算，从而实现开挖和掘进的自动化。

（2）在防灾减灾救灾中的应用

利用"3S"技术不仅可以实现对江、河、湖等水位的监测工作，还可以提前进行灾情的预报，从而为防灾和抗灾提供准确的信息，而且利用遥感技术还可以实现对水下资源的监测，从而有效地对水污染情况进行监测，发挥积极的作用。

（3）在变形监测中的应用

在水利枢纽工程竣工后，需对水库大坝、大型桥梁等进行连续的、精密的监测。现代测绘技术提供了连续、实时的安全运行监控手段。如采用 GPS、智能全站仪（测量机器人）和数字垂线仪等技术（它们都具有全自动、全天候、无人值守的特点），综合其他工业传感器，可实现全自动、无人或少人值守的工程运行方式。又如，利用三维激光影像扫描仪，可以对监测对象（天坝、桥梁）进行全方位的监测，几秒钟内对整体几百万个扫描数据进行毫米级分析，随时准确了解观测对象整体模型变形情况。

（a）水利工程 （b）水利测绘

图 5.2　水利工程

（4）RS 技术在水利工程勘测中的应用

当前在编制地形图、相片图和专用图的过程中都会利用遥感技术，利用遥感技术可以有效地对水利工程的流域进行规划，而且在无人烟的区域也能利用遥感相片提供信息，可以在短时间内快速成图，从而有效地减少野外工作人员的工作强度。

5.1.3 铁路工程

铁路工程建设（见图5.3）需要对施工地形进行实地勘测，需要大量的人力物力资源以及时间。因此，铁路工程勘测中应用自动化测绘技术是必然的发展趋势。

（1）遥感技术

我国的遥感技术取得了一定的成就，与 GPS 系统进行联合是自动化技术未来发展的趋势。遥感技术具有多光谱高分辨率的特性，可以进行海量数据的集成。若想提高定位精度，可以结合 GPS 静态观测进行控制。随着遥感技术的发展进步，地图所呈现出的图像清晰度越来越高，并且具有自动成像、自动编辑的功能。在铁路工程施工中利用实时图像，整体上可以对施工过程进行实时跟踪监测，了解施工现场的进度，也可以据此进行施工工序的优化。

（2）无人机摄影测量技术

我国的空中摄影测量技术比较先进，目前主要是由无人机、卫星、地面扫描仪等相关技术组成。大范围高精度的控制测量可以通过 GPS 进行，在此基础上进行高空摄影测量操作，局部采用扫描仪进行细化。无人机测量的应用包括计算工程的填挖方量、绘制路基横纵断面图。结合 3D 设计图纸，在已知成型路基基底宽度、填筑高度、坡率、横截面等相关数据的情况下，只需测得地面清表后的地形图，即可计算设计填挖方量。

（3）三维激光扫描技术

三维激光扫描技术是一种新型"实景复制"技术，相对于传统测绘技术而言，具有

（a）铁路工程　　　　　　　　　　　　　（b）铁路测绘

图 5.3　铁路工程

高效、精准、便捷的特点，能在短时间内得到海量点云数据。三维激光扫描是将多种传统测绘技术一体化，主要由常规测量系统和激光扫描系统构成。三维激光扫描技术是新兴测量技术的一种，已经在多个领域中应用，尤其是在隧道变形观测中得到广泛应用，能在较短时间内得到隧道断面的三维视图，极大提高工作效率。

（4）自动报警系统

自动报警系统是一个具有实际性的研究项目，是将测量仪器与后台数据库相结合，通过不间断的观测、上传数据，实现偏差值的实时计算，在超出预警值后启动报警系统。例如隧道施工人员在地下进行施工时，若是存在错误操作将会引发报警系统，在第一时间将盾构机实际位置、俯仰角、泥浆压力变化等信息传达给控制系统，然后由控制系统对盾构机姿态进行纠偏，可以有效减少工程中的安全质量问题，从而减少不必要的损失。

5.1.4　公路工程

随着公路设计行业软件技术和硬件设备的发展，原有老传统测绘由于工作量大、测绘时间长、效率低，同时在网形布设、观测方法、误差控制等方面都存在一定的问题，再加上线路狭长、周围制点少，已不适应现代测绘的进展速度和成果质量。因此，在当今高科技的发展下，公路新测绘技术（见图5.4）应运而生。

（1）遥感技术

源于军事的航空业，最初是飞机在空中对地面进行观测，进而研发出利用遥感技术来取得地面地理的基本信息。目前，在测量测绘技术上，运用遥感技术的原理同步观察到大面积的地理信息情况，确保所测量出来的数据是全面而有效的。因为此前的应用取得了相应的效果，所以科研人员开始大力发展遥感技术，收集到了很多以前的技术所无法得到的实际有效的数据，为公路事业的基本地形图测绘做出了有效的保证。遥感技术除了能够测量地理地势，还能提高图稿数据的全色光谱分辨率，遥感技术成为现阶段获得基本信息的重要手段之一。

（2）地理信息系统技术

地理信息系统技术在测绘技术中属于一种全新的新兴技术，具有数据管理、存储数据和采集数据等功能，该技术运用到技术科学、环境科学和空间学等来完善地理信息系统其他方面的功能。地理信息系统技术自身也具备显示、输出图形以及数据库等多方面功能，对于公路测量测绘工程技术具有一定的带动作用。

（3）全球定位系统技术

全球定位系统技术（GPS）已经得到了非常广泛的运用，在我国经济发展带动科技发展的影响下，全球定位系统技术已经运用在了各个领域。尤为显著的就是公路测量测绘

（a）公路工程　　　　　　　　　　　　　　　　　（b）公路测绘

图 5.4　公路工程

技术，全球定位系统技术的参与使测绘技术的发展收到了空前的良好效果。全球定位系统广泛运用于服务业领域，在国民建设中有充分运用，在其他工程测量中也有广泛应用。

（4）数字化测绘技术

数字化测绘技术与各种测绘技术都有联系，摄影测量技术通过数字化测量技术的强化，优化完成收集资料的功能。数字化测量技术是由传统测绘技术演变而来的，该技术具有多功能的系统，它能自动地完成绘图技术，如将场景数据输入电脑中，就会自动形成最完美的公路设计图，大大降低了公路测量测绘工程的难度，可以有效地减少成本、减少人力资源，通过地理信息、专业数据库，为数字化测绘技术打下基础。

（5）影像提取技术

目前公路工程中最常用的测量技术是影像提取技术的应用，主要作用是将被测区域中的影像和信息，通过计算机系统表现出来，为测量工作提供所需要的信息，确保公路工程的质量得到有效的控制。由于施工地形比较复杂，传统的放线测量方法很难满足工程施工的需求，因此在公路工程施工的过程中，为了避免影响施工的进程，需降低工程测量时出现的误差，采用影像提取技术对公路工程进行检测施工，不仅大幅度地减少了在公路测量工作时产生的误差，而且还有效地降低了工程施工的难度。新型的测量技术工作原理较为简单，通过计算机信息技术，将测量数码相机中的影响反馈给工程测量人员，让其掌握相关的施工信息，从而对工程施工各方面的要点进行掌握，以确保工程的施工质量和施工进度不受到影响。影像提取技术，不仅降低了工程施工的难度，而且提高了工程施工的效率，还促进了我国道路工程建设的发展。

5.1.5　桥梁工程

经济的快速发展，促进测绘新技术在桥梁工程测量中的应用（见图 5.5）。测量数据的准确性在很大程度上确保桥梁工程建设的质量。目前我国已经在测绘技术上不断进步，有效地促进桥梁测绘向数字测绘信息化转变。

（1）地图数字化技术

在各种 GIS 系统中，基于原始图纸的数字化工作量较大，输入计算机编辑后修复生成相应的数字地图。目前主要分为手动跟踪数字矢量量化和扫描仪器两类。大多数大比例尺地形图上可以自动提取多边形扫描矢量信息，高效、方便、逼真地进行数字地图处理。

（2）数字化成图技术

数字化成图系统是以计算机为核心，在外连输入设备、输出的硬件和软件设备的支持下，对地形空间数据进行采集、输入、处理、绘图、存储、输出和管理的测绘系统。它具有准确性很好、操作简单、工作强度低和容易发布的优点。

（3）全球卫星定位技术

全球卫星定位系统是美国 1970 年研发的，覆盖空中、海洋和陆地，全面实现了新一代卫星导航和定位系统的三维导航和定位能力。作为一种卫星导航系统，GPS 技术基于空间交点的测量数据，通过网络来提供实时连续性和高精度的坐标、速度、距离和时间信息，为测绘工作提供了极大的便利。操作人员只需通过计算机设备使用 GPS 技术就能在数据信息的基础上对地面的几何物理信息进行采集和转化。GPS 技术主要具有柔性选择、全日连续操作、数据信息精度高和适应性强等优点。

（4）地理信息技术

地理信息系统是一个集计算机科学、测绘遥感科学和信息科学、空间科学、环境科学和管理科学为一体的新兴学科，应用于各个领域的基础平台和地理空间信息的基本手段和工具显示。其技术优势在于，它不仅将地理数据的收集和存储管理、分析、三维可视化显示输出和结果集中到数据处理过程中，而且它还具备空间提示预测和辅助决策功能。目前，GIS 不仅发展成为一个相对成熟的技术科学，并已成为一个新兴的行业，在测绘、地质和矿产资源、农业、林业、水利、气象、海洋、环境监测、城市规划、土地管理、区域发展和国防建设等领域发挥越来越重要的作用。

（5）遥感（RS）技术

遥感技术可获得各种地形地图的比例，可提供快速的桥梁工程勘察、基本地形图、地籍地图等，非常方便，已成为对地球进行观测的重要手段。

（6）数字摄影技术

数字摄影是一种技术，可以实时拍摄和传送图像到操作终端。该技术主要应用于测量仪器和高精度摄像机，在科技发展的推动下，数字摄影技术可以达到目标检测的测量目标阶段，实现了 3D 数据的采集。三维数据可以使用软件来改变目标对象的图像，并生成对象的表面模型。在桥梁工程勘察中，利用数字摄影技术可以在图像、测绘人员的

（a）桥梁工程　　　　　　　　　　　　　（b）桥梁测绘

图 5.5　桥梁工程

基础上对桥梁工程施工点的地形条件进行分析，通过对三维坐标的分析，可以清楚地了解当地地形的状况，如盆地等。数字摄影不仅可以为桥梁工程测量提供帮助，还可以降低测量人员的难度。现在，数码摄影已经与 GPS 技术相结合，通过定位目标对象来提高摄影的精确度。在测量技术中，数字摄影是由于表面状态显示而产生的目标，因此对图像的分析可以扩大或减少操作，对某一特定案例研究和总体规划进行数据分析。在目前的数字摄影技术发展中，其在桥梁工程勘察中的应用主要为图像生成、地籍测量、地图比例尺和变形测量等方面，深度数据分析的测量目标对象并不完善。

5.1.6　隧道工程

随着科学技术的不断发展，地下工程尤其是隧道工程（见图 5.6）在实际生活中越来越常见。地铁隧道收敛变形是指隧道在正常运营的过程中由于地表的行车动态压力和土体结构的自重压力以及隧道周边工程的施工干扰和地铁列车的运行产生的隧道形态和结构的变形。对地铁隧道收敛变形进行测量得到的数据是监控地铁工程的施工质量和开展养护工作的重要指标。

（1）全站仪自动化监测系统

全站仪自动化监测系统是集电磁波测距技术、数据库技术、移动互联网通信及自动目标识别技术等，利用计算机语言开发，基于服务器、控制器、客户端等硬件的 C/S 架构的自动化测量系统。该系统在待测区域内布设控制网，于各断面布设小棱镜，基于全站仪免棱镜测距及 ATR 技术实现自动化空间信息获取，其位移精度可达 ±0.3 毫米。在实际工程应用中，以高精度电子水准仪观测沉降数据为准，对比该系统在沉降监测中的实际成果。

（2）三维激光扫描技术

相比传统监测方式和自动化监测技术而言，三维激光扫描技术作为变形监测领域的前沿技术，利用高速激光测距技术配合精密时钟编码器量测隧道实体空间离散矢

（a）隧道工程 （b）隧道测绘

图 5.6 隧道工程

量距离点即点云。在扫描仪独立坐标系下的斜距、水平方向及距离、天顶距、反射强度等信息，配合 CCD 传感器解算空间实体拓扑信息，经过对点云数据的配准、抽稀、去噪及滤波等过程，最终实现对空间实体线、面、体等空间信息数字化高还原度的重构。三维激光扫描技术以其观测快速、主动式非接触测量、抗干扰能力强、数据精度高、成果直观等特点，适用于现代地铁高效施工及高频率运营维护中隧道变形监测工作。在利用三维激光扫描技术实现隧道变形监测的研究中，通过随机采样一致性（RANSAC）及最小二乘算法来实现对隧道中轴线的提取，利用不变矩实现隧道连续断面的提取，最终利用局部曲面拟合及最小二乘曲线拟合完成变形曲线拟合分析。实际工程案例中，使用 Z+F 三维激光扫描仪及瑞士 Amberg 公司开发的基于隧道中轴线及连续断面提取的变形监测系统 TMSTunnelScan，来实现三维激光扫描技术在地铁隧道监测中的应用研究。

5.1.7 矿山工程

矿山的开发关系着我国经济的发展，而矿山测绘工程又关系着整个矿山开采工作。所以，想要科学合理地开发矿山（见图 5.7），首先要完善测绘工程中的测量技术。

（1）RTK 测量技术

在矿山测绘工作中使用 RTK 测量技术的优势：在使用 RTK 测量技术的过程中，可以有效地增加测量工作开展的效率；RTK 测量技术与全站仪，减少周边建筑物对测量工作造成的影响，提升测绘速度的同时也保障了测绘的精准度，有效避免出现无效作业与重复作业的情况；初始化速度快，减少周边建筑物对测量工作造成的影响，提升测绘速度的同时也保障了测绘的精准度；只需要 2~3 位测量人员，并且最终的测量效果准确率较高，施工作业的精准度也比较高，对于工作人员的调度更加科学。RTK 技术在矿山测绘中可应用于测控区域的网络控制、测量矿区地形、测量矿区工程、矿区地形图的绘制等领域。

（a）矿山工程

（b）矿山测绘

图 5.7　矿山工程

（2）无人机测量技术

无人机测量技术主要应用在矿山地形的测量中，该测量技术可以解决过去在山地测量中耗时耗力的问题，帮助测量人员更便捷地测量矿山的地形。虽然矿山地区的地形不平整，但是如果测量工人在无人机上架设一台立体的摄像机，那么就能够将整个矿山地区的等高线和地质构造反映得更加精准。这样一来，矿山测绘工程团队就可以更加确切地确定矿山地区的地形高度和等高线等数据，对于提高整个矿山测绘工程团队中测量数据的准确性也有很大的帮助。

除此之外，用无人机测量技术测量矿山地形能够有效改进单片机的摄影原理。这是因为立体相机在对高空进行拍摄时清晰度更高一些，能够使整个测量工作的进展更加顺利，而且有利于降低测量成本。不过，引进无人机测量技术需要测量人员熟练地掌握该技术的相关方法。在使用无人机进行地形测量的过程中，测量人员可以选择的方法有很多，常用的有综合法、全能法和分工法等。

首先，在对矿山进行测量时，有时工作人员必须选择较大的比例尺，这种情况下测量人员应该使用综合法。综合法在测量过程中有一定的要求：第一，选择单张的相片作为主要的测量模式；第二，协调好无人机和平板仪。这样一来，整体的测量数据获取工作能够更加便捷和快速。其次，在对矿山进行测量时，全能法是被用到频率最多的一种测量方法。全能法测量需要通过立体测量仪来完成，该仪器能够用几何模型来完整地表示地面的情况，然后工作人员再对模型进行测量，这样一来，完整的地形测绘图就诞生了。最后，测量矿山这样的地形时运用分工法也是不错的选择，因为分工法和全能法都比较适合用来测量山地和丘陵地形，所以这两种测量方法有些地方十分相似，尤其是对立体测绘仪的应用。总之，无人机测量技术是当下比较先进的测量手段，其先进技术的应用大大解放了人力。有些矿山测绘工程团队已经引进了无人机测量技术，但是还有许多团队仍然是在进行人工测量，可见普及无人机测量技术是十分有必要的。

（3）三维扫描技术

三维扫描技术在矿山测绘中主要应用在以下三种领域：①未开采或已经开采矿区的三维模型构建，可以直接利用矿区地表点位数据云对未开采矿区进行三维模型创建，过程较为简单，相对比来说，已经开采的矿区模型建立就比较复杂，首先需对矿区进行扫描，在这个扫描的过程中需要将三维测量设备安置在矿区巷道内，进行巷道模型的构建，而此模型构建的过程与外部三维模型构建相对比来说速度较慢、效率不高，造成这种情况的主要原因是受到外部测量条件的限制较大。虽然效率较慢，但它具有较高的安全性，确保整个测量过程中不会出现安全危险。②矿区开挖体积计算，主要是在露天开采的环境中应用，对于露天矿区来说，开采位置和非开采位置之间存在较大区别，区域特性可以通过激光扫描技术来进行识别，能够有效地确定需要开挖的体积。此外，对分时模型进行有效利用可以进行对比观察，能够进一步确定矿山开采的测量时间点和已开挖体积，具有比较高的计算精度，得出的结果也可以在开采计划、开采产量和产能等方面进行有效运用。③对于采空区的整理和防护，矿山开采会对自然环境造成较大的破坏，尤其是采空区存在更大的危险，采空区可以对作业人员的人身安全产生严重威胁。传统的测绘技术难以在采空区进行有效利用，也存在较大的人身安全风险，而三维激光扫描技术可以对这种障碍进行有效消除，实现对采空区的精准测量，并且可以把技术支持提供给采空区的实时监控工作，从而使作业过程中的安全风险大大降低。

5.1.8 市政工程

市政工程中（见图 5.8）测量工作的重要性不言而喻，为了较好地提升测量准确度，引入并运用测绘新技术极为必要，这也是未来市政工程测量发展的重要方向。

（1）RTK 技术

市政工程测量中 RTK 技术的应用在当前较为常见，该技术的应用确实能够明显提升测量效果，其主要涉及 GPS 接收系统、数据传输部分以及相应测绘软件等，进而完成对于相应目标的准确测绘处理。从 RTK 技术的应用来看，其往往能够较好地保障测绘精确度，有效实现以往工程测量中误差问题的规避，操作应用的便捷性往往也较为突出。具体到 RTK 技术的实际应用，测绘工作人员往往需要针对基站进行优化设置，尽量把基站设置在高处，进而体现更强的应用价值，对于测绘结果准确度的保障作用也更强。面对当前市政工程测绘难度越来越大且相应测绘任务越来越复杂的发展趋势，RTK 技术的应用价值更为突出，其作为一种精确度较高且更为便捷的测绘手段，应该予以推广运用。

（2）RS 技术

市政工程测量中 RS 技术的应用同样也表现出了明显优势，其主要借助于高空收集到的地表物体反射信息资料进行合理运用，以此更好实现地表目标的准确测绘。从 RS

（a）市政工程　　　　　　　　　　　　　　（b）市政测绘

图 5.8　市政工程

技术的实际应用来看，其能够在市政工程项目中表现出良好的适用性，可以更好地实现对于市政工程地形图的准确制作，进而更好地辅助后续施工建设。在 RS 技术的应用中，因为测绘工作人员可以借助相应软件进行测绘数据信息资料的分析比对，进而也就能够更好地保障最终测绘准确度，对于以往市政工程测量中出现的失误问题予以防控。在当前 RS 技术的创新发展中，其同样也能够更好借助于其他新型技术手段进行自身优化，尤其是在自动化数据传输以及分析应用方面，表现出了明显优势，可以更好地实现对于市政工程测量任务的优化落实，更进一步降低测量工作的难度。

（3）GIS 技术

市政工程测量中应用 GIS 技术同样也是重要手段，也就是地理信息系统的运用，可以更好地实现对于市政工程项目涉及相关区域地理信息的综合分析和运用，为市政工程测量提供较强支持。在地理信息系统的应用中，测绘人员往往需要将地理信息相关技术和数据库进行有效结合，以此更好提升市政工程测量的优化落实效果，确保较为丰富的地理信息资料可以得到灵活运用，为市政工程项目建设服务。因为市政工程测量中涉及的地理信息资料往往较为繁杂，在地理信息系统的应用中同样也面临着海量数据，尤其是伴随着相关数据库的不断丰富，相应地理信息系统的应用价值不断提升，同时也带来了较大的处理难度，需要相关测绘人员掌握更为先进的地理信息资料分析和应用手段。比如自动化的数据信息分类和应用软件就需要引起高度关注，以便更好制作相应测绘表格，同时自动化形成地形图，顺利完成市政工程测量任务。

5.1.9　爆破工程

现代测绘技术具有的快速、省时、高精度等特点，其在爆破工程中的应用包括地形测绘、钻孔定位以及工程量的测算（见图 5.9）。现代测绘技术的使用提高了爆破工程现场施工作业的效率、降低了现场施工人员的劳动强度，为提高爆破精度，确保爆破工程的顺利进行创造了良好条件。

（1）全球卫星定位系统助力精细化爆破

测绘技术在露天爆破工程中已得到广泛应用，极大地提高了爆破精度和爆破效率，成为爆破工程顺利进行的有力保障。通过全球卫星定位系统测量技术可以快速采集地形数据，确定爆破参数，完成爆破设计，达到预期的爆破效果，同时为后续挖装作业提供技术支持。选择合理的爆破参数，寻求爆破、挖装最优平衡，必须将地形地貌、地质条件、爆破单耗、挖装效率等因素综合考虑。运用全球卫星定位系统测量技术，可利用软件开展精确化爆破设计，快速进行炮孔布设和孔位验收。爆破作业后，可准确计算出爆破工程量，便于爆破参数调整和挖装工序衔接，从而使露天爆破施工达到精细化的目的。

（2）三维激光扫描评估爆破质量

三维激光扫描技术采用极坐标测量系统，通过激光测距并记录激光束与两极轴夹角连续获得目标的表面离散点云数据，使用点云数据可以对目标进行进一步的识别分析和建模。使用激光作为数据获取的媒介，相较于二维图像数据，更能适应恶劣的测量条件，同时保证较高的精度。三维激光扫描技术可应用于：①隧道施工中的超欠挖分析，通过三维激光扫描数据对隧道轴线和轮廓进行拟合，再使用拟合数据对超欠挖情况进行分析；②获取露天台阶爆破前后点云数据进行建模，实现了露天台阶爆破设计、效果分析和质量控制。

（3）摄影测量法预测爆破块度

在露天矿山爆破质量评价中，岩石爆破块度被认为是一个非常重要的指标，它对后续的铲运以及破碎等工序的效率有着直接影响，决定整个矿山开采的经济效益。摄影测量法是利用拍照、摄像等手段获取爆堆表面岩块的几何参数，然后统计这些几何参数来判断爆堆岩石的块度分布。目前使用计算机图像处理技术对爆堆岩石块度进行分析是发

（a）隧道钻爆　　　　　　　　　　　　　（b）土岩爆破

图 5.9　爆破工程

展的方向和趋势。采用无人机拍照搭配专业软件可以方便快捷地获得爆堆的块度分布情况，且与采用普通方法拍照相比，无人机可以在空中选择合适的高度及角度对爆堆进行拍摄，进一步减小了摄影法的误差，提高了分析的准确性与可靠性。

5.1.10 海洋测绘

海洋测绘学（见图5.10）是一门研究海洋地理空间信息获取、处理、表达、管理和应用的综合性学科。海洋测绘学核心任务是获取海洋空间地理数据，编制海图和航海资料，建立海洋地理信息应用系统，为海洋经济建设、国防建设和科学研究服务。

海洋测绘学是一门有着悠久历史并正在飞速发展的学科。特别是近年来，随着全球导航卫星系统（GNSS）、遥感（RS）、地理信息系统（GIS）以及大数据、云计算、移动互联、智能处理、模拟仿真等技术在海洋测绘领域的深度应用，突破了传统海道测量的时空局限，为海洋测绘定位控制、感知探测、数据分析、信息应用等理论技术带来了新动能，使海洋测绘步入以 GNSS+RS+GIS+Acoustics+Smart "5S" 技术为典型代表的现代海洋测绘新阶段。基于"天基、空基、岸基、海基、潜基"五位一体海洋调查测量平台的建设应用，增强了深远海、极地乃至全球海域实施海洋测量的能力，信息采集将向立体化、综合化，精细化方向发展。水上水下一体化移动测量系统、机载双频激光测量系统、多波束测深系统，海洋重力仪、海洋磁力仪、声学底质探测仪、声速剖面仪、北斗高精度海洋定位终端、水下综合定位系统等大批具有自主知识产权海洋测绘装备的研制生产，加速了海洋测绘装备国产化进程。一系列海洋测绘数据分析处理软件的研发应用，显著提高了数据处理效率和成果质量精度，信息处理向标准化、并行化、智能化方向发展。建立了数据库驱动的一体化海图生产体系，具备数字海图、纸质海图、航海书表、航海通告等产品数字化生产能力，符合国际标准的电子海图系统研制工作取得重大进展，产品生产将向增量化，定制化、国际化方向发展。数字海洋系统的建设及海洋地理信息共享平台的开发，实现了海量、多源、异构海洋环境数据的集成与共享，信息应用将向可视化、网络化、社会化方向发展。海洋测绘学已发展成为高度集成现代科技、广泛服务于国民经济与国防建设之所需、最富现代气息而饱含高新科技的一门学科。海洋测绘学由海洋大地测量、海洋重力测量，海洋磁力测量，海道测量，海洋工程测量，海洋专题测量、海洋遥感测量等构成。

（1）海洋大地测量

海洋大地测量是建立海洋测量平面和高程基准体系与维持框架，研究海底、海面空间形态及其时空变化规律与物理机制的理论和技术。主要内容包括建立海洋大地控制网，实施控制测量（建立海洋测量平面与高程控制，加密海控点），海洋（海岸，水面、水下）高精度定位，测定平均海面、海面地形和海洋大地水准面等，为海洋测量定位、

（a）海洋工程

（b）海洋测绘

图 5.10　海洋测绘

舰船精确导航、海洋划界、海洋工程设计与施工提供控制基础，并为研究地球物理和地球形状提供各种数据。

（2）海洋重力测量

海洋重力测量是测定海域重力加速度值的理论和技术，为研究地球形状和地球内部构造、探查海洋矿产资源、保障航天和战略武器发射等提供海洋重力场资料，海洋重力测量主要包括海底重力测量、船载海洋重力测量、航空海洋重力测量与卫星海洋重力测量四种方法。

（3）海洋磁力测量

海洋磁力测量是利用磁力仪测定海洋表面及其附近空间地磁场强度和方向的理论和技术。以海底岩石和沉积物的磁性差异为依据，通过观测研究海域地磁场强度的空间分布和变化规律，可探明区域地质特征，为寻找海底铁磁性矿物、石油、天然气等矿产资源，探明水下沉船、海底管道电缆等目标特征，舰艇安全航行和正确使用水中武器提供地磁背景场信息。海洋磁力测量主要包括海底磁力测量、船载海洋磁力测量、航空海洋磁力测量与卫星海洋磁力测量四种方法。

（4）海道测量

海道测量是以测定地球水体、水底及其邻近陆地的几何与物理信息为主要目的的测量调查理论和技术，用于编制航海图、发布航海参考资料、提供水域基础地理信息。主要服务于船舶航行安全和海上军事活动，并为国家经济发展、国防建设和科学研究等提供水域及相邻陆域的地理和物理基础信息。国际海道测量组织（IHO）将海道测量定义为测量和描述海洋及沿岸地带地貌特征的应用科学分支，主要用于导航及其他海洋目的或活动，如海上活动、海洋研究、环境保护及预报服务等。按照测量区域通常分为港湾测量、沿岸测量，近海测量、远海测量，以及内陆水域的江河湖泊测量、港口航道测量等。主要测量内容包括水位观测、海岸地形测量，海底地形测量（包含水深测量和海底地貌测量）、海底底质测量、助航标志测定、航行障碍物探测（扫海测量）、海洋水文观测、海洋声速测量，海区资料调查等。

（5）海洋工程测量

海洋工程测量是海洋工程建设勘察设计、施工建造和运行管理阶段的测量理论与技术，为海洋工程建设提供精确的数据和地形图，保障工程选址正确，按设计要求施工，并进行有效的管理和维护。主要内容包括勘察测量、施工测量、变形观测等。按区域可分为海岸工程测量、近岸工程测量和深海工程测量等；按类型可分为海港工程测量、海底构筑物测量、海底施工测量、海洋场址测量、海底路由测量、海底管线测量、水下目标探测 、疏浚工程测量、吹填工程测量、施工定位测量、水下基槽施工测量、水工变形测量、跨海桥梁测量与泥沙测量等。

（6）海洋专题测量

海洋专题测量是针对国民经济建设或国防建设某一专项工程需求开展海洋测量调查的理论与技术，为利用、开发、保护海洋与维护海洋主权等提供基础支撑。主要包括领海基点测量、海洋划界测量、海域使用测量、兵要地志调查与海籍测量等内容。

（7）海洋遥感测量

海洋遥感测量是远距离感知与测量海洋（与海岸）目标物质形状、大小、位置、性质及相互关系理论与技术。通过声、光，电，磁等探测仪器，获取海岸、水体、海底等目标对电磁波、声波的辐射或反射信号，处理并转换为可识别的数据、图形或图像，从而揭示所探测对象的性质及变化规律，用于地形（海岸地形、海面地形、海底地形）海面和水下物体目标等要素的探测。根据遥感搭载平台不同可分为航天遥感、航空遥感、海岸（地面）遥感、海面遥感与水下遥感等；根据技术性质可分为可见光遥感、多光谱遥感、高光谱遥感、红外遥感、微波遥感、海洋声波遥感与激光遥感等。

（8）海图制图与海洋地理信息工程

海图制图与海洋地理信息工程是研究海图编制、出版、更新以及海洋空间地理信息存储，处理、分析、管理及应用的理论、方法和技术。根据不同应用需要，研究如何利用海上实测成果和其他制图资料制作各种海图产品、建立相应的海洋地理信息应用系统，以数字图形和图像方式，科学、抽象、概括地反映海洋及其毗邻陆地各种地理要素的空间分布、相互联系、空间关系及其动态变化，为海上交通运输、海洋资源开发、海洋工程建设、海上军事活动和海洋科学研究等提供海洋地理信息。研究内容主要包括：①海图学总论。研究海图特点、功能用途、内容形式，海图分类，海图符号系统和内容表示方法，数字制图理论方法，制图综合原理，海图资料分析评价和利用，海图生产管理使用和更新，以及海底地名学与海图学史等。②海图数学基础。主要研究海图投影概念，及各种投影原理和变形特性、投影选择和变换、海图比例尺、坐标系、基准面等。③海图箱制。设计与制作海图出版原图的技术。包括海图编辑设计、制图综合、数据转绘、海图符号和色彩设计，海底地貌立体表示等。④海图集设计。按某种主题统一设计一定数量海图系统汇编的技术，包括主题内容选择、表达，以及排版和装帧等内容。⑤海图出版。研究海图绘制、制版、印刷、装帧以及数字海图加密、封装、分发等全过程的理论和工艺技术。⑥海图更新。根据海区最新资料修正海图内容的技术，目的是保持海图的现势性，客观反映海区情况。⑦海图应用。研究海图分析、评价、阅读方法、海图量算等。⑧海洋地理信息工程。包括实现海洋地理时空数据获取、清洗、组织、挖掘、分析、查询、仿真等功能，建立各种数字模型和专题数据库，研制海洋地理信息系统及虚拟地理环境等产品，开展海洋地理信息标准化、可视化、网络化、智能化服务等。

（9）海洋测绘仪器

海洋测绘仪器是海洋测绘业务专用的载体、设备、器材和软件系统的统称。应用于实施海洋、内陆水域和沿岸陆地测量，海图与航海资料编制、印刷复制和分发，应急测绘保障的各项活动。通常由海洋测量设备、海图制图设备和测量设备载体三部分组成。①海洋测量设备主要包括定位设备、地形、地貌、底质、重磁等各种地理要素探测设备，验潮仪、声速仪、涌浪滤波补偿器等辅助测量设备以及相关的软件系统。②海图制图设备主要包括制图资料处理、海图编制作业、海图制印等设备系统。③测量设备载体包括海洋测量船（艇）、无人测量船、测量飞机、无人机、水下潜器以及岸基测量平台等。

5.1.11 数字城市

数字城市（见图 5.11）作为数字地球、数字中国的技术延伸，其依托地理信息系统、遥感技术、全球卫星定位系统技术，实现基础信息的自动采集、处理，为城市发展提供信息支持，拓展了城市发展空间，同时数字城市包含洪涝灾害、地震灾害等实时监控，有效补充数字城市在灾害信息获取方面存在的不足，为抢险救灾以及灾情监控等提供数据支持，有助于智能化、信息化、科学化管理城市运行。

现代测绘技术主要是利用计算机技术

图 5.11　数字城市

构建模型和分析数据，在建筑、农业等领域中具有广泛的应用，将测绘技术与城市建设相结合，就可以利用信息技术对城市进行合理规划，确保各项资源得到有效利用，维持生态平衡，使城市、社会、环境和经济不断发展，测绘技术还可以为抗灾与防灾工作提供及时、准确的数据，为决策提供重要依据。

（1）全球卫星定位系统（GPS）

GPS 主要是利用导航卫星进行测量，可以为全球用户提供不间断、实时的三维坐标与信息服务。作为一种典型的卫星通信工具，GPS 具有极高的精度和效率，功能多元化，而且具有很强的抗干扰能力，不会轻易泄露数据，操作简单、便捷。GPS 在许多领域中多有应用，如航空航天、陆地等。

（2）地理信息系统（GIS）

GIS 主要是利用计算机技术采集地球空间中的有关地理分布数据，并对这些数据进行整理和分析。GIS 会将采集到的数据存储到数据库之中，利用计算机编程等功能对全球空间开展即时分析。GIS 技术具有广泛的发展空间，随着时间的不断推移，这一技术将会日益智能化、网络化、多元化。

（3）遥感技术（RS）

这一技术主要是利用遥感器对地面物体进行探测，了解物体的性质，根据不同物体与波谱之间的不同反应，对地面生物进行识别。目前，在许多领域中均可一窥 RS 的身影，比如，航空遥感技术和卫星遥感技术非常常见，前者主要用于测绘地形图，后者在测图中也具有很重要的地位。"3S" 技术是 GPS、GIS、RS 技术的结合，又称为集成技术。"3S" 集成技术充分吸收三者的优势，可以对各种空间、环境信息进行搜集和整理，不仅可以提高效率，还可以保证信息及时得到更新。

数字摄影测量系统与上述技术均有所关联，作为一种具备数字化测绘功能的测量系统，其强大的软件与硬件功能可以保证地形测量数据更加具体，还可以确保数码摄影测量的准确性大大提升。数字摄影测量系统在地质、城市建设、房地产等领域中十分常见，并发挥越来越重要的作用。

5.2　重大工程

5.2.1　长江三峡水利工程

三峡工程（见图 5.12）是治理和开发长江的关键性骨干工程，是中国也是世界最大的综合利用水利枢纽。三峡工程建设规模巨大、技术复杂，在中国乃至世界工程建设史上都是空前的。为了建设好这一"千年大计，国运所系"的跨世纪工程，在其建设过程中尽量采用当代最先进的科学技术，其中包括使用大量工程测控最新技术。

三峡工程施工过程中采用了许多施工测量新技术。广泛采用施工测量新技术，是提高施工测量质量的一项根本措施，主要表现在以下方面：

（1）使用高精度的全站仪（TC2002、TC3003A）和高精度电子水准仪（NA3000系列），布设高精度的控制网，或直接进行高精度的放样和检测。在永久船闸直立面测量中使用了 DIR3002 无目标测距仪，以及在人字门安装投点等，普遍采用徕卡高精度（1：20000）投点仪，从而大幅度地提高测量的精度。

（2）广泛应用全球卫星定位技术（GPS），进行控制网的布设和检测、像控点测量，以及航道整治水下地形测量，从而大大提高测量的精度、点的密度和作业速度，在大江截流过程中实时测量戗堤体型，对指导截流发挥了巨大作用。

（3）采用航空摄影测量与地面摄影测量相结合的方式，进行地形和断面测量。三峡工程从 1994 年 4 月开始，每隔 1~2 年对全工地进行一次航空摄影测量，编制 1：1000 地形图，并每隔 2~5 米测定一点地面高程，建立全工地的 DEM 数据库。有了这套地形图，并不断进行更新，就可以保证施工、监理和业主各单位的用图需要。在两期航空摄影测量之间，对局部地区进行地面摄影测量更新局部数据，测制局部地形图和断面图，也是一个比较实用、比较先进的方法。这个方法从龙羊峡到水口到李家峡到三峡，已经使用了十多年，有比较成熟的经验，对于大规模的土石开挖及陡坡地段的断面测量有着特殊的优越性。

（4）引进先进的数字摄影测量技术，进行摄影测量的数据处理。1996 年下半年，中国三峡总公司引进了一套先进的数字摄影测量系统，它包括：高精度的影像扫描仪 SGIO2 图形工作站和数字摄影测量软件，这为我们快速处理摄影测量数据带来了极大的方便。用数字摄影测量工作站制作的 1：1000 地形图或影像图，其精度与解析测图仪所测的地形图基本一致。它不仅有等高线还带有影像，使用时更为直观。利用数字摄影测量工作站，还可以得到数字地面模型（DIM），它可以制作断面图以计算工程量。三峡工程主体建筑物的建基面积很大，地质情况复杂。利用这套数字摄影测量工作站还可制作建基岩体影像图、开挖立面图等，以便在混凝土覆盖后仍能保留建基面的地质构造形态及其几何关系。

（5）广泛应用计算机绘图。在三峡工程中，几乎所有的施工单位、监理单位和业主单位在绘制地形图、断面图方面都已实现了计算机化，测制地形图已全部采用全站仪（或半站仪）＋记录模块（或记录器）进行外业工作，然后由计算机进行数据处理生成等高线，由绘图机输出精美的地形图。在水下地形测量中，由 GPS 导航，随时补测空白部位，然后稍加编辑即可在绘图仪上输出地形图。在地形图的内业处理中，数字化仪和扫描仪也已投入使用。利用扫描仪和数字化仪的功能将已有地图数字化，存入地形图数据库或进行新旧地形图的拼接和更新十分方便。在三峡工地上已基本见不到手工绘制的地形图。

（6）改进断面测量方法。水利水电工程中断面测量的工作量很大，几乎占整个测量外业的 30% 以上，过去一般使用交会法、视距法或花杆皮尺法，这些方法劳动强度大、精度差，在三峡工程中已经逐步淘汰。目前主要运用以下三种方法：陆摄法——利用地面摄影相片在立体坐标量测仪或解析测图仪上进行断面测量。这是业主测量单位采用的主要方法。自由设站断面测量法——仪器并不架在断面中心桩上，而是可以"自由"设站。利用全站仪按事先计算好的断面方向，用逐渐接近法使立尺者在断面线上奔跑，内业处理全部由计算机解决，这主要是监理单位和施工单位的测量方法。数字地面模型法——不测断面，直接测绘地形数据，然后利用软件建立数字地面模型，也可通过原有地形图数字化建立 DTM，在此模型上"切"断面，然后计算面积，进而得到体积。

（7）改进高程传递方法，大力推广使用光电测距三角高程和 GPS 测高方法。过去在水利水电工程施工中，需要用几何水准的方法布设各等级的水准网，尤其是要布设大量的三、四、五等水准点，以满足各种高程放样的需要。在施工放样时，必须先用经纬仪放出平面位置，然后再用水准仪测定故样点高程。在三峡工程中，已经改变了上述的放样方法，在土建施工中大力推广使用光电测距三角高程，每一个三角点都提供三维坐标，因而可同时确定每个放样点的三维坐标。在土建施工中已基本弃用水准仪，今后估计只有在机电设备，金属结构安装时，有可能用到精密水准。由于一般水利水电工程的施工范围不大且相对固定，利用已有的水准点进行 GPS 连测大地高程，求出符合本区域的拟合方程，然后将它编入 GPS 的定位程序之中，就可以在获得待定点平面坐标的同时，得到该点的正常高程，大大节省了时间和经费，为利用 GPS 进行高程传递开拓了广阔的应用前景。

（a）三峡大坝　　　　　　　　　　　　（b）三峡大坝测绘

图 5.12　长江三峡水利工程

5.2.2 核电站

核电站（见图 5.13）提供的核电是一种安全、清洁且能够为人类所用的新能源，具有广阔的应用前景。然而核物质具有放射性，一旦发生泄漏，后果将不堪设想，因此核电厂建设的首要目标就是核安全，而核电厂选址踏勘对核电的发展又有着举足轻重的作用，它是保证工程顺利进行的重要基础，也就是说，只有对工程现场进行详细的测绘，为工程设计和施工提供详细的数据信息，才能实现设计、施工环节的质量控制。核电厂一般选择在荒无人烟、沿海基岩上建造，地形、环境、气候等方面的条件比较复杂，加上对测量精度要求很高，踏勘测绘工作面临着严峻挑战。

（a）核电站设施　　　　　　　　　　　　（b）核电站测绘

图 5.13　核电站

现场勘探和测试工作包括工程地质测绘、水文地质调查、地球物理勘探、工程地质钻探和取样、原位测试（标准贯入试验、动力触探试验）、水文地质渗水试验、压水试验和山地探井、探槽工作。其中工程地质测绘包括 1：1000 工程地质测绘和山地工作两部分工作。

测绘范围：每个站址面积为 4 平方千米，测绘比例为 1：5000。

内容：初步查明两个站址区域第四系覆盖层的范围及厚度，与下伏基岩的分界线；初步查明基岩的岩性及产状、各岩层的分界；断层的展布特征，两个站址的滑坡、崩塌和站址的岩溶分布特征；初步查明两个站址区的自然边坡和人工边坡的地形坡度，上覆盖层厚度及物质组成，下伏基岩的岩性、产状、裂隙产状及组合发育情况、风化状态及风化层厚度，稳定状态及其历史，并评价边坡对工程可能产生的影响。

测绘的方法：穿越和追索相结合。在测绘的同时，选择一些岩石露头较好的地段进行节理裂隙的统计。由于两个站址的植被较发育，局部第四系较厚，因此，布置了一定量的探槽和浅井，以便追索地层界线、断层，揭示地层露头，了解残坡层厚度、岩性等。对一些重要的地质点、地貌点和不良地质作用点采用 GPS 定点。对站址发育的溶洞、断裂带等进行了详细的记录，绘制了探槽展示图、浅井柱状图、断层素描。

工程地质实测剖面：每个站址都是一条通过四个核岛的纵剖面和两条垂直于构造线的横剖面，剖面比例尺为 1∶1000。对工程可能有影响的局部岩体及崩塌、断裂带、地下水出露点、洞穴等重要地质体，采用大比例尺表示，并加上了必要的说明。对一些重要地质现象进行了拍照和素描。根据测绘的精度要求，剖面上测点的间距，一般在图面上控制为 1~2 厘米，实地则为 20~100 米。对两个站址的出露岩石进行标本采集，对站址西部发育的构造断层，进行断层带上样品采集（采集了 2 组样品），测定其断层活动的时代。

此外，计算机制图在核电站踏勘测绘中的应用也较为常见。计算机制图借助计算机技术，在较短时间内就能完成制图工作，操作方便，工作效率高；与工程相关的所有数据信息、图文资料都被保存于计算机中，便于实现对全部数据、图文的动态管理，能有效避免人为误差，提高测绘精确性；计算机制图不仅具有图形编辑功能，还能与其他制图软件相结合，制出的图形视觉效果很强。可见计算机制图运用对于核电站踏勘测绘中有着重要意义。

在实际测绘过程中，首先要根据核电站踏勘测绘要求测量施工区域范围内的地形地势尺寸和构造，并根据地质勘探结果将需要测绘的地形尺寸测量出来，根据地形地势特点手工绘制地形结构，最后采用计算机制图软件将尺寸绘制出来。需要注意的是，必须做好测量人员、测量仪器、测量技术等方面的准备工作，为方便数据保存和管理，还要做好地形图等的数字化处理。同时，重视特殊地形测绘技术方案的制定，根据测绘工作中获得的特殊地区地形的地面、地质等信息，掌握地形特殊性，根据地形特殊性设计技术方案。另外，要充分运用 GPS、RTK 等技术手段，提高测量精准度，保证测量质量，加快测绘成果实施进度。

5.2.3　港珠澳大桥

港珠澳大桥（见图 5.14）是一座跨海大桥，连接香港大屿山、澳门半岛和广东省珠海市，全长为 49.968 千米，主体工程"海中桥隧"长 35.578 千米，其中海底隧道长约 6.75 千米，桥梁长约 29 千米。港珠澳大桥具有跨海距离长（直线跨距超过 30 千米）、工程规模大、建设条件复杂、建设标准高、结构形式多样、技术难度大、参建单位多、施工周期长及地理位置特殊等突出特点，大桥建设期间的测量工作面临任务重，内容多、精度高及难度大的困难与挑战，诸如高精度测量基准的建立与维护、参建单位测量行为的规范、海量测量数据及资料的采集及管理、关键结构部位的精确定位与对接、跨境测量及衔接测量的实施与监管等测量控制技术，都是影响和制约全桥测量工作的关键技术。

（1）港珠澳大桥首级控制网的建立与维护

港珠澳大桥首级控制网是港珠澳大桥的基础控制网，它是主体工程测量基准的核心，也是本项目最高等级的测量控制网。该网于 2008 年完成建网测量，工程建设期间，测控中心负责对首级控制网进行一年一次的定期复测，以确保测量基准的稳定性、可靠性和准确性满足工程设计和施工的需要。到目前为止，已完成首级控制网的 6 次复测，其中，第 3 次复测是主体工程开工前的第 1 次全面复测，本次复测将首级控制网与 HZMB-CORS 参考站并网观测，建立了港珠澳大桥工程坐标系，为后续工程勘察设计和施工提供统一的坐标基准；第 4 次复测通过跨海高程测量得到海中 3 个测量平台控制点的高程，优化海中区域 RTK 定位模型，提高了海上施工的实时定位高程精度；第 5 次复测确立了由野狸岛、洋环、虎山及小冷水 4 个参考站构成的基准网，作为首级控制网的起算基准，同时通过二等跨海高程测量及珠海、香港区域的陆地一等水准测量，实现了大桥两岸高程的直接连测和精确贯通。各期控制网复测均与工程建设需要紧密结合，从第四次复测开始，控制网复测的重心逐渐由内地与港澳陆域向海中施工区域（测量平台及优先墩）转移，以便更好地为现场施工提供精确便捷的测量基准服务。通过多期复测成果的比较分析，得出首级控制点稳定性良好，测量基准精确、稳固，满足本工程长周期，高精度施工的需要。首级控制网集成了 GNSS 卫星定位、精密水准测量、高精度跨海三角高程测量、现代重力场精化大地水准面及工程坐标系等测绘及相关学科的先进技术和方法，是长距离跨海桥隧工程高精度控制网的典型范例。

（2）港珠澳大桥 GNSS 连续运行参考站系统

港珠澳大桥 GNSS 连续运行参考站系统由 4 个参考站、1 个监测站和 1 个数据中心构成。系统具有网络 RTK、电台单基站 RTK、事后精密定位及实时监控等多种功能，主要为港珠澳大桥建设和营运各阶段的导航、地形测绘、工程勘察定位、施工放样以及

（a）港珠澳大桥施工　　　　　　　　　　（b）港珠澳大桥测绘

图 5.14　港珠澳大桥

变形监测等各种导航和测量定位提供 24 小时连续不间断的 GNSS 差分定位服务，有利于统一大桥工程测量基准，确保不同标段、不同施工部位的测量定位精度符合工程要求，有利于节约测量成本、提高工作效率。该系统自 2010 年 3 月开工建设，同年 11 月 12 日通过验收并投入正式运行。HZMB-CORS 系统由参考站网子系统、数据中心子系统、数据通信子系统、用户服务子系统和实时监测子系统共 5 个子系统组成。参考站的 CNSS 观测数据首先通过专线通信网汇集到数据中心，在中心服务器上使用 GPSNet 软件进行数据统一解算和原始数据存储，并通过 GPRS/CDMA 网络向流动站用户 GNSS 接收机发送差分数据提供厘米级的实时定位服务。同时，在珠海野狸岛、香港虎山及东岛平台站三个参考站上架设无线电台，发送传统的差分信号，作为网络 RTK 的一种辅助方式，为流动站用户提供常规 RTK 定位服务。港珠澳大桥 GNSS 连续运行参考站系统是我国首个基于 VRS 的工程 CORS，也是首个用于工程施工的跨境 CORS。系统集成了卫星导航定位技术、测绘技术、计算机技术与现代通信技术等先进技术，系统建设期间研究和解决了一系列关键技术难题。

（3）长距离跨海高程传递测量技术与应用

首级控制网通过香港至珠海间陆地绕行等水准连测，实现了两岸陆地高程的间接贯通，统一了大桥的高程基准，但由于主体工程全部位于海中，跨海距离超过 30 千米，且海底隧道及海中桥梁等结构物的高程定位精度要求高，而现行规范仅对 3.5 千米以内的跨河水准测量技术方法进行了规定，因此，如何将陆地高程基准精确传递到海中，以实现海中结构物高程的精确测定，实现跨海高程的直接贯通，是本项目测量控制的技术难题之一。在目前技术水平和海上测量条件下，解决海中高程精确定位的总体思路是：根据施工实际情况、精度需求及海上测量条件，综合运用传统跨河水准测量、CNSS、精化大地水准面等方法和技术，分阶段、按精度等级由低至高逐步实施跨海高程传递，以满足不同精度要求的结构物施工的需要，逐步实现主体工程的高程精确贯通及其与港珠澳大桥香港侧工程、珠澳口岸工程的精确对接。

（4）港珠澳大桥测绘信息管理系统

近十年来，一些工程建设项目进行了测绘信息（管理）系统建设的尝试，如杭州湾大桥、江苏润扬长江大桥工程建设中建立了测绘信息系统。然而，这些系统多为单机版，且系统功能仅限于测绘数据存储、查询管理等最基本功能，缺少测量业务管理等功能。港珠澳大桥主体工程建设期间产生的测绘资料形式多样、内容丰富、信息量较大，参建单位多，施工测量协调和管理难度大，为了提高施工测量管理的效率和质量，测控中心负责建立了一个具备测绘信息管理、测量业务流转、测量计算及统计分析功能的工程测绘信息管理系统——港珠澳大桥测绘信息管理系统（HZMB-SMIS）。

（5）港珠澳大桥主体工程施工测量管理制度

本项目测量控制与管理的总体思路：建立以业主为主导，测控中心实施全桥整体测量监控管理，监理单位分标段管理，施工单位为测量工作实施主体的测量控制组织管理体系；健全以精细管理为主线，以技术标准化和整治不规范测量行为为主要内容的测量质量保证体系；维护并保证大桥建设期间各参建单位采用测量基准的统一性、准确性、可靠性和稳定性，协调与督促各施工单位、各监理单位及第三方监测单位按相关规范要求完成全桥的测量放样、变形监测、第三方监测，标段间的测量衔接以及与香港、珠海/澳门口岸人工岛填海工程和相关连接线的测量衔接等工作，研究和解决施工测量中的关键性技术难题，实现全桥工程的精确贯通，保证全桥空间整体线形的质量。本制度已在港珠澳大桥主体工程项目建设中得到实施，对项目测量技术及管理工作发挥了重要的作用。

5.2.4　北盘江大桥

毕都北盘江大桥（见图 5.15）是目前世界第一高桥，全长 720 米，桥为主跨长度 720 米的七跨连续钢桁梁斜拉桥，桥跨布置（80+2×88+720+2×88+80）米，边跨设置 2 个辅助墩和 1 个过渡墩，桥型总长 1232 米。北盘江大桥是杭瑞高速公路毕节至都格（黔滇界）段的控制性工程，大桥位于六盘水市水城县都格镇上寨组与云南省宣威市普立乡腊龙村交界的北盘江大峡谷，跨越云贵两省交界处的北盘江大峡谷。

为了保证纵移悬拼新工艺顺利实施，结合现有的技术条件，引入 BIM（Building Information Modeling）虚拟施工技术，采用 Revit 软件建立大桥各部分精细化的 BIM 模型，利用 3ds max 动画制作技术实现了新工艺工序施工的动态模拟，选出最经济安全的方案，并成功运用于北盘江大桥新工艺中，节约了大量人力成本及时间。经过实践证明，运用 BIM 虚拟施工技术可以提高施工效率，降低施工成本。

（1）建立三维仿真地形

毕都北盘江大桥地形复杂，地势海拔高，为了更好地利用 BIM 虚拟施工技术解决施工过程中各种构件的冲突问题，按照构件作用及位置建立不同的细度模型。仿真三维地形是虚拟施工中不可或缺的元素之一，它是规划运输路线、进行场地布置的前提，为了建立真实三维地形图，结合施工现场及现有条件，利用无人机放样，再结合谷歌地图对项目周围地势海拔数据进行观测记录，然后将点云数据导入 Civil 3D 中，生成项目区域三维地形图。

（2）建立整体桥梁模型

桥梁整体模型是虚拟施工的主体，是关系虚拟施工技术是否能够顺利开展的元素之一。根据大桥里程坐标，以施工设计图为基础，利用 Revit 软件建立细度 LOD200 的

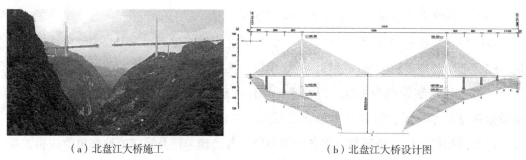

（a）北盘江大桥施工 　　　　（b）北盘江大桥设计图

图 5.15　北盘江大桥

索塔、交接墩、桥头的 1∶1 实体模型；建立细度 LOD300 钢桁梁节段、斜拉索、竖向支座等构件，当设计图模型建立完成后，拼装整个桥梁模型。

（3）建立临时构件模型

对于北盘江大桥新工艺，原施工设计图纸已经无法满足其施工要求，必须在原设计图纸上增加新工艺所需的临时构件设计图，根据临时构件的作用和位置建立模型和细度。

（4）新工艺虚拟施工的优化

北盘江大桥施工存在新工艺技术中预制构件数量多、体积大及地形复杂等多种不利因素，存在工人不熟悉施工工艺、运输路线不合理、机械设备布置不适当、构件之间发生碰撞等潜在问题。

（5）BIM 虚拟施工技术

BIM 虚拟施工技术的应用不仅有利于新工艺顺利实施，还可以提高工作效率，减少工期成本，充分体现了 BIM 虚拟施工技术对桥梁建设的优势，为后续桥梁建设提供了一种新的方法。但桥梁施工是一个巨大且复杂的过程，实际施工中还有许多东西无法在 BIM 虚拟施工中体现，这就需要技术人员灵活安排。BIM 虚拟施工技术在桥梁施工中的应用还有很大的发展潜力，需要工程技术人员共同去挖掘。

5.2.5　探月工程

2003 年 3 月 1 日，我国政府启动了月球探测计划"嫦娥"探月工程（见图 5.16），这是我国航天发展史上，继发展和实现人造地球卫星工程和载人航天工程之后又一伟大的空间探测工程。它标志着我国航天能力，卫星发射场，运载火箭，月卫轨道设计，月卫发、测、控系统以及信息注入和接收等关键技术，已具备了

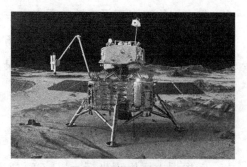

图 5.16　中国探月工程

探月水平。同时，也说明了与"嫦娥"工程密切相关的大地测量与测绘遥感科学技术也达到了相应水平。

采用探测器绕月、环月和登月进行探测需要更准确地月球轨道、月球重力场和月球地形的测绘成果，需要更准确地建立和连接测量地球坐标系统、月球坐标系统和天球惯性坐标系统等参考系统。因此，我国的月球探测计划、月球测绘的关键技术及其在月球探测中的应用具有深远的意义。

月球测绘的关键技术如下：

（1）射电天文测量技术

射电天文观测是深空探测中使用广泛的观测方法。其基本设施是抛物面射电望远镜，观测技术包括甚长基线干涉测量技术（VLBI）、较差甚长基线干涉测量技术（LVLBI）、合成口径射电干涉测量技术、甚长基线干涉测量阵列（VLBA）技术。在月球观测中，通过射电天文观测测量了月球热辐射的极化现象，有助于研究月球介电常数、月壤厚度和密度。美国在"Apolo12、14、15、16、17M"探月任务中，在月球上安置了一些无线电发射器，因此，采用 VLBI 或 AVLBI 技术可以确定月球无线电发射器的坐标、月球自转参数，NVLBI 技术可以用来测量月球探测器精密轨道，并通过轨道摄动的确定来反演月球重力场。

（2）雷达测量技术

月球和行星等天体自身所发射的射电信号在到达地面后已经非常微弱，对这些射电信号进行观测时，观测数据的信噪比很低，射电图像质量也比较差。为了获得月球和行星等天体的高质量射电观测数据和高亮度的射电图像，深空观测中还采用了一种主动观测技术，即太阳系雷达观测技术。该技术采用了一种特大功率的雷达系统，它向空间发射选定波段的电磁波，电磁波传送到行星或月球，然后又被反射离开其表面，被地面观测站所接收。目前，对于雷达波的测量方法包括：①射电天文观测方法。月球、行星等天体反射的雷达射电波可以被单口射电望远镜、VLBI、VLA 或 VLBA 等射电天线网络所接收，并进行干涉测量或合成口径观测成像；②雷达测距。通过测量雷达波往返天体传播时间来确定月球或探测器到地面观测站的距离；③多普勒测速。多普勒测量基于多普勒效应，通过雷达发射波的频率与接收的反射波频率的变化（多普勒频移），确定月球探测器相对于观测站的运行速度和距离变化。

（3）激光技术

激光波的频率高达几十到几百甚至上千赫兹，具有很强的穿透性，激光测距与微波雷达测距相比，具有远、准、快、抗干扰、无盲区等优点。目前，激光在月球探测中主要有两种测量方法：①地月激光测距。从 20 世纪 60 年代开始的第一轮探月活动中，美国和苏联探测器登月时在月球上建立了5个激光反射器（美国安装3个，苏联安装2个），从此产生了激光测月技术（LLR）。激光测月原理是由地面激光测距站向安置在月球上的反射器发射激光脉冲，以该脉冲的往返时间来测量地面站至月球的距离。LLR从1969年正式投入观测，开始只有美国麦克唐纳天文台进行地月距离观测，精度为亚米级，还有法国的CERGA和美国的夏威夷进行的地月距离观测。1988年，麦克唐纳天文台用76厘米的望远镜代替2.7厘米的望远镜，观测精度已经达到厘米级，预计不久将达到毫米级。LLR可以用于测量月球的轨道参数、改进月球历表、测量月球自转参数和验证广义相对论的强等效原理。②探测器激光测月。探测器激光测月即在绕月探测器上安置激光测高仪（Lunar Observer Laser Altimeter，LOLA），LOLA在飞行过程中向月球发射激光束，激光束到达月球后，有部分被反射回到激光测高仪接收装置，通过测定激光束往返的传播时间，就能确定激光测高仪到月球激光脚点的距离；通过地面深空网中的VLBI、多普勒雷达或恒星摄影法等观测获得绕月探测器的位置；通过恒星跟踪器等测量探测器的姿态及激光束的发射角，可以确定月球上激光脚点的三维坐标。该方法可以提供月球周围绝大部分的栅格地形剖面，基于这些数据就可以构建全月2千米空间分辨率的数字高程模型。

（4）摄影测月技术

摄影测月技术就是利用地面或月球探测器上高分辨率的地形测绘摄像机所拍摄的立体像片及多光谱成像仪所获得的月球立体多光谱影像，通过数据后处理来获得所摄影像区域的三维地形数据或其他专业影像图等。这项技术可以在地面观测月球三维地形图中使用，也可以安装在月球探测器上测绘全月三维地形图。

月球测绘在月球探测中的应用如下：

（1）月球轨道测量

在探月过程中，地面观测站和月球探测器为了连续跟踪观测月球，需要知道月球每时每刻的具体位置；月球探测器必须根据月球不同时刻的位置信息来设计其运行轨道。为了给不同时刻观测月球的地面测站和探测器提供月球的位置信息，天文工作者利用对月球观测值求出的月球在地球引力和各种摄动力综合影响下的运行轨道参数，制作成能够标记一段时期内月球在特定时间的位置或坐标的表册——月球历表，使用者可根据观测时间在月球历表中查出计算参数，计算出月球坐标。早期主要采用光学天文测月的观测量来确定月球历表，最新的月球历表制作已经将雷达测月、射电观测、VLBI、激光测月和探测器等高新技术所获得的最新观测数据加入计算，而且在力学模型上不断改进，以保证积分初值的精确性和理论的先进性；不但与历史上的观测记录进行比较，而且与纯粹用分析方法所得的结果对比，这样可以进一步保证月球历表的稳定性和可靠性，用以制作时间跨度更长的月球历表。目前，最著名的月球历表是由美国喷气推进实验室（JPL）的 Standnish 等人研制的 DE 系列星历表。

（2）月球重力场测量

月球重力场制约着月球以外所有物体的运动，探测器从地球轨道变轨进入月球轨道以及进行登月将主要受到月球重力的影响，需要利用月球重力场的作用才能完成，因此，设计环月探测器和登月探测器轨道必须参考月球重力场资料。同时，研究月球重力场也是建立月球大地坐标系的需要，月球重力场的测量为建立月球大地水准面、月球水准椭球提供了有益的数据资料。月球重力场的确定与地球重力场的确定有所不同。由于测量手段受到了很大限制，目前无法进行月球重力场的实际测量，主要通过绕月飞行器的轨道摄动来间接获得月球重力场的信息。

（3）月球参考框架及月面控制网的建立

环月和登月探测器轨道都要经过以地球质心为一个焦点的椭圆轨道和以月球质心为一个焦点的椭圆轨道。因此，需要建立地心地固参考框架和月心月固参考框架。而设计月球探测器还需要月球的位置信息，从月球历表计算出月心在地心天球参考框架的坐标。所以，探测器的轨道和定位坐标还涉及地心天球参考框架，以及从地心天球参考框架转换到月心月固参考框架所经过的月心天球参考框架。参考框架的建立过程就是确定参考坐标系统原点的位置、三个坐标轴的空间指向，以及根据研究天体的具体形状（一般根据大地水准面的形状）而建立的具有一定形状和大小的规则数学体（如地球坐标系中的参考椭球体）。人们很早就致力于地心天球参考框架和地心地固参考框架的研究，目前这两个参考框架均已建成，月心天球参考框架是地心天球参考框架平移到月心的天球坐标系，因此，月球参考框架的建立关键在于月心月固参考框架的建立。通过多年的天文观测，特别是进行绕月卫星摄动观测后，已经有了有关月球的一些物理量，如引力常数、自转速率等比较精确的数值。基于月球卫星的运动来确定月球的参考框架，建立一个绝对坐标系，需要高精度、长时间的轨道观测量。

（4）坐标系统的测量和维持方法

保持坐标系统的稳定性是月球探测的基本需要，稳定可靠的坐标系统也是月球探测器轨道设计、导航、登月等探测月球的最基本的要求和保障。坐标系统的稳定性依靠测量坐标系统原点位置和坐标轴指向及其变化，再通过变化量的转换或改正来维持坐标原点坐标轴空间指向的稳定性。月球坐标系指向的确定主要通过测量月球自转、月球天平动、月球轨道参数和月面点坐标等及其变化来实现。在 LLR 或 VLBI 测月时，地面月球激光观测站或 VLBI 观测站严格地固定在地球表面，与已经建立的地固坐标系紧密相关；月球激光反射器或无线电发射器与已经建立的月心月固坐标系紧密联系；VLBI 测量河外射电源时，射电源星表实现了射电天球惯性参考系。LLR、VLBI 测月和 VLB 测量河外射电源可以求定地球极移和地球自转参数，还可以测定地面测站坐标、月球反射器的月面坐标、月球潮汐位系数以及月球的自由天平动、射电源坐标等。这些观测量可以用来确定月球坐标系的坐标轴指向以及与地固坐标系和射电天球惯性参考系间的转换参数。LLR 和 VLBI 测量技术是测量、维持月固坐标系，连接月固坐标系、地固坐标系和射电天球惯性参考系的重要技术手段。

（5）月球地形测绘技术及方法

三维的月球地形数据对月球探测器登陆轨道设计、月球登陆点的选择、月球探测车在月球探测路线设计、选择月球实验基地乃至月球深空探测器发射基地的选择都有着非常重要的意义。另外，研究月球所有的基本地质过程模型（如火山运动、构造运动、碰撞和侵蚀等）也都需要三维的月球地形数据，模型中构建边界条件通常会涉及高程、深度及局部梯度等同地形有关的数据。此外，建立岩石圈结构及密度分布模型也需要完整的长波地形数据，而这种数据只能通过建立全月球的数字高程模型获得。月球地形图对研究月球的形状，精确建立月固大地坐标系的水准椭球、大地原点和月球水准原点都是非常必要的。最后，月球地形图是人类在月球上进行工程建设的基本要求。月球地形测量主要分为地基月球地形测量和探测器月球地形测量。

5.2.6 地质灾害防治

中国幅员辽阔，地理环境复杂，气候环境多变，生态环境脆弱，同时受到经济、社会等因素的耦合影响，是世界上遭受自然灾害最为严重的国家之一。这对人民生命财产安全造成了巨大威胁，也给国家社会经济发展以及民生改善工作带来了巨大挑战。新中国成立以来，我国高度重视地质灾害防治（见图 5.17），取得了一定成果，积累了宝贵经验。

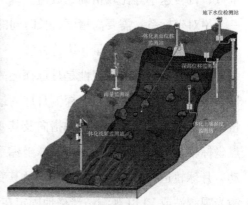

（a）地质灾害勘测 　　　　　　　　　（b）山地滑坡预警

图 5.17　地质灾害防治

自改革开放以来，我国总结出"以防为主、防抗救结合"的工作方针，及时转变应急观念，将工作重点落实在灾前预防之上，而非仅仅关注灾后救治。加强自然灾害监测预警，加快建设自然灾害监测站点，建立健全自然灾害分类监测网络，联通自然灾害监测预警信息共享体系，是自然灾害防治体系建设的关键环节，是提升自然灾害防治能力的基础工作，是落实应急管理体系建设的重要保障，能够为时刻保持应急状态、积极有效应对自然灾害、保障人民生命财产安全和国家长治久安提供基础支撑。

我国已逐步形成符合国情的地质灾害防灾减灾体系模式，自然资源系统已建成滑坡、崩塌、泥石流自动化监测点达 5700 余处，配合其他相关部门（交通、水利、铁路等）的部分监测设施，为我国地质灾害监测工作奠定了设备基础。

（1）全国地质灾害气象预报预警

全国地质灾害气象预报预警工作始于 2003 年，覆盖全国 30 个省（区、市）、1660个县（市、区），建立起县—乡—村—组四级群测群防体系。30 多万名群测群防员通过埋桩、埋钉、贴片等简易方法对周边地质灾害进行监测。

（2）地质灾害专业监测预警

地质灾害专业监测预警工作率先在地质灾害高易发区进行示范，如三峡库区、汶川地震灾区和西北黄土高原地区等，建立了地质灾害实时监测预警示范站，探索出箱体式实时监测台站建设方法。

（3）泥石流监测预警

以地震重灾区典型泥石流沟作为研究对象，集成多种现代传输技术与监测手段，搭建实时远程立体空间监测网络，全天候动态监测"三大片区"七条大型泥石流沟谷，实时分析处理监测数据，及时发布预警信息。

（4）地质灾害综合预测预报体系

地质灾害综合预测预报体系于大渡河流域中游 28 处地质灾害点建成 6 个监测示范站，安装 213 台监测设备，建立"单点和区域相结合、降雨和地质环境相结合"的监测模式，综合预测预报地质灾害。

（5）滑坡智能监测预警系统

我国滑坡智能监测预警系统于 2021 年成功应用，目前已有效预警多起地质灾害。前端使用滑坡仪监测降雨与地表形变，融合应用新型微机电传感、北斗高精定位、天—地窄带物联、人工智能等多学科技术对监测数据进行采集。针对地震山区与高山峡谷区的重点区域监测，将建成 22000 多处监测预警点。该监测预警系统初步构建了"人机结合"决策模式和技术流程，依据监测数据，采用人工智能算法研究极大地提升了现场宏观判断能力，实现人机融合研判，极大地提升了滑坡预警决策的准确度。

5.3 国防建设

5.3.1 军事制图

军事测绘为军事需要获取、提供地理、地形资料和信息的专业勤务，是国防建设和军队指挥的保障之一。基本任务是测制与搜集军用大地测量成果和军事地图（见图 5.18），调查整理军事地理资料；组织实施作战和训练的测绘工作。通常由军事测绘部门实施。主要目的：保障指挥员了解战区地理形势，掌握战场地形情况；保障部队在作战中正确利用地形；保障技术兵器准确定位，充分发挥射击效能。军事测绘史属于军事科技史，是军事历史的一部分。处于中华文明发端的远古时期是军事测绘的初创时期。在研究远古史实的基础上，中国的军事测绘诞生于原始社会末期的黄帝时代，夏代和商代的战争需要推动了军事测绘的早期发展。特别是车兵在战场上驰骋以后，对军事地理的研究更加受到军事家的重视。军事地图已经开始应用，并由此推动了测量和绘图技术的发展。

军事测绘源于作战中对地形的研究和利用。最初主要是靠现地观察；当战场范围超出目视距离或无法现地研究和指挥作战时，地图遂逐步成为指挥作战的重要工具。军事测绘就是从测制、提供军用地图发展起来的。古代，测绘地图主要利用"准、绳、规、矩"等简单工具测定地面点位的距离和高低，并以写景方式对地形要素加以描画。中国古籍《管子·地图篇》记载："凡兵主者必先审知地图……然后可以行军袭邑，举措知先后，不失地利。"阐明了地图在军事行动中的地位和作用。中国西汉时测制的"地形图"和"驻军图"（1973 年在湖南省长沙市马王堆三号汉墓出土，系公元前 168 年的殉

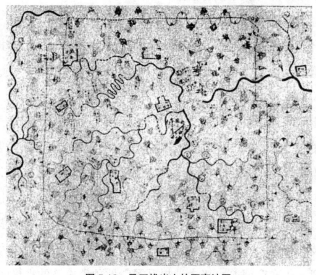

图 5.18　马王堆出土的军事地图

葬品），已较详细地显示城镇、山脉、河流、道路的位置和军事情况，是迄今世界上发现最早的军用地图。17 世纪，西欧和中国相继用三角测量方法测定地面点作为控制基础，进行大范围测图，使军用地图的精度有所提高。18 世纪中叶，法国陆军借助地图指挥佛兰德斯之战，获胜后开始测绘全国大比例尺地图。18 世纪末，法国首先在地图上用等高线准确地显示高低起伏的地貌，解决了图上高程的量取问题，这是军用地图的重大变革。19 世纪 80 年代，因火炮射程增大，需要建立炮兵控制网、连测炮兵战斗队形和确定目标位置，开始在战场上扩展军用大地控制网，使大地测量成果不仅作为测图的控制基础，而且直接用于炮兵战斗保障。第一次世界大战中，开始利用飞机进行空中摄影侦察，随之产生了用航空摄影测量测绘地形图的新方法，测图速度和质量得以提高，这是测绘技术的重大发展。第二次世界大战以后，为保障远程武器的命中精度，要求建立全球统一坐标系统、地球引力场模型，以及测制目标地区的地形图，而人造地球卫星、电子计算机、激光、遥感等科学技术的发展，为全球定位和测图提供了新手段，开拓了卫星大地测量、航天摄影测量和遥感、地图测制自动化等新领域。

而且，战区军事地理环境是一个多要素且相互影响和制约的综合体。要全面、综合地反映战区军事地理环境，单幅图与地图集都不能满足要求。而系列专题图的特点决定了其内容比单幅地图丰富，能从广度和深度提供更多的信息，且其选题又比地图集精练得多，因此系列专题图将是战略、战役指挥员了解和掌握战区军事地理环境全局的重要工具。所以就建立了"战区军事系列图"，其制图涉及大量的统计数据，采用了许多数学模型。其制图过程如果靠手工来实现，则显得比较繁杂且易错，但是借助计算机技术，不仅可以比较方便地处理数据信息，而且可以与计算机辅助制图软件相结合，直接将数据信息转换成图形信息，实现"战区军事系列图"制图自动化。这样便可满足现代化战争对战区军事地理研究及其制图提出的要求，快速产生和更新各种专题地图。

地图制图是编制与出版军用地图的工作，包括地图投影的选择、地图编绘和地图制印。地图投影是将地球表面的点按一定的数学法则，转化为平面上相应的点，保证图上地理位置的正确。地图编绘是根据军事需要和比例尺大小，对地形要素进行综合取舍，并运用地图图式规定的符号表示在图上，使图面清晰易读。地图制印是对出版原图进行制版和印刷，以满足军队的大量需要。为适应现代战争条件下军队的快速反应能力，地图制图发展了地图缩微与放大，以及数字地图的存储、传输与显示等技术装备。

在军事需求的牵引下，卫星导航定位、航天遥感测绘、军事测绘数字信息工程建设取得重大突破，地球重力场模型、数字地图、军事地理信息系统、虚拟战场环境等测绘技术和产品投入使用，军事测绘在武器装备的信息化、军事训练的模拟化、指挥决策的科学化等方面作用越来越突出。

测天量地揽明月，书经画纬创未来。在促进中国特色军事变革、推进我军现代化建设跨越式发展的新形势下，我军测绘事业必将取得更大的发展，必将为国防和军队现代化建设作出新的、更大的贡献！

5.3.2 军事作战

（1）GPS 屏蔽

GPS 屏蔽器（干扰器），能有效防范被 GPS 卫星定位跟踪，如图 5.19 所示。GPS 信号屏蔽器的工作原理是截断 GPS 的频段信号，有效干扰 GPS 卫星信号，保护行踪隐私及信息机密。GPS 屏蔽器的作用：GPS 信号跟手机信号一样，很容易受电子器件的干扰，信号屏蔽器能把一定范围内的信号都屏蔽掉，使范围内的所有通信设备失去信号。随着信息化、智能化武器装备的大量

图 5.19　GPS 屏蔽

应用，现代化战争越发依赖 GPS，而一旦 GPS 被对手干扰，甚至瘫痪，必将带来灾难性后果。

（2）电磁干扰

电磁干扰（Electro Magnetic Interference，EMI，见图 5.20）是干扰电缆信号并降低信号完好性的电子噪声，通常由电磁辐射发生源如马达和机器产生。电磁干扰是人们早就发现的电磁现象，它几乎和电磁效应现象同时被发现，1881 年，英国科学家希维赛德发表

图 5.20　电磁干扰

"论干扰"的文章，标志着研究干扰问题的开始。1889 年，英国邮电部门研究了通信中的干扰问题，使干扰问题的研究开始走向工程化和产业化。

随着电磁技术和用频设备的广泛应用，战场电磁环境变得日益复杂，电磁频谱资源越来越重要。特别是在信息化元素极为丰富的海战场，复杂电磁环境对海上作战指挥提出了更高的挑战，这在很大程度上体现出对电磁环境认知和全面电磁态势的需求。作为传统战场态势的重要补充，电磁态势覆盖了从辐射源信息融合到频谱资源调配、从战术级方案优化到战役级辅助决策等作战的各个方面，准确认识海战场电磁环境，并在态势理解和态势展现的基础上生成全面的电磁态势，是夺取海上制电磁权的关键因素。

未来边境反击作战中电磁环境异常复杂，电子设备不仅会受到对方的干扰，还会受到己方的自扰，雷达作为战场上重要的电子装备深受其影响，若能对雷达在战场电磁干扰影响下的雷达波束进行感知、分析和处理，并以三维等形式对其探测范围进行可视化直观显现，将不仅有助于指挥员在边境反击作战复杂的战场条件下合理运用雷达并正确

地实施指挥，而且有助于指挥人员对战场电磁情况进行准确判断。

根据数据场可视化理论模型，电磁干扰影响下雷达辐射可视化主要包括三个阶段：电磁干扰影响下雷达探测范围建模、电磁干扰影响下雷达电磁数据采样、电磁干扰影响下雷达电磁数据可视化绘制。电磁干扰影响下雷达探测范围建模首先依据雷达方程计算雷达在干扰信号影响下在水平面上的二维探测区域包络线，即雷达在干扰下各个方位角上的最大探测距离点在水平面上的投影相连，构成封闭的多边形，然后计算由于干扰源造成的在方位角、俯仰角上与雷达的主瓣方向存在一定的夹角而引起探测范围的变化。电磁干扰影响下雷达电磁数据采样则是根据电磁干扰影响下雷达探测范围模型，将雷达三维探测范围包络按照一定的算法进行采样，得到数据采样点，从而计算出空间各个点的电磁数据值，即生成三维电磁数据场。电磁干扰影响下雷达电磁数据可视化绘制则是将离散分布的雷达三维电磁数据场，按照一定的规则转换为可视元素，生成形象、逼真的场景。

针对边境反击作战中电磁环境对雷达的影响，给出了电磁干扰影响下雷达辐射建模和基于面绘制的可视化方法，并进行了设计与实现。该技术可作为支撑技术嵌入雷达指挥系统，对雷达在复杂电磁环境下的探测范围进行可视化显现，为雷达的运用提供支持。

5.3.3　国家控制网

（1）大地控制网

大地控制网（见图 5.21）按测量方法不同分为高程大地控制网、水平大地控制网和空间大地控制网三类。水准网是高程大地控制网布设的主要形式。天文大地网是经典大地测量技术布设水平大地控制网的主要形式。GPS 网是当前空间大地控制网布设的主要形式。

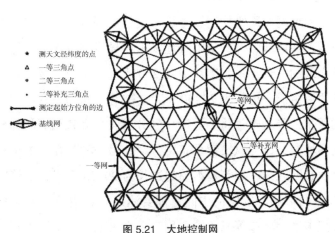

图 5.21　大地控制网

由一系列通过水准测量测定高程的大地点（称水准点）构成的网是高程大地控制网布设的主要形式。全国各地地面点的高程，不论是高山、平原及江河湖面的高程都是根据水准网统一传算的。中国国家水准网按分级布设、逐级控制的原则分为一、二、三、四等。一等水准网是国家高程控制的骨干，沿地质构造稳定和坡度平缓的交通线布满全国，构成网状。

一等水准路线全长为 93000 多千米，包括 100 个闭合环，环的周长为 800~1500 千米。二等水准网是国家高程控制网的全面基础，一般沿铁路、公路和河流布设。

二等水准路线布设在一等水准环内，每个环的周长为 300~700 千米，全长为 137000 多千米，包括 822 个闭合环。沿一、二等水准路线还要进行重力测量，提供重力改正数据。一、二等水准路线要定期复测，检查水准点的高程变化并以此研究地壳垂直运动。三、四等水准测量直接为测制地形图和各项工程建设服务。

三等水准路线全长不超过 300 千米。

四等水准测量路线一般布设为附合在高等级水准点上的附合路线，长度不超过 80 千米。水准网中各点的高程是以平均海水面起算的。

平均海水面通过沿海验潮站长期对海水面观测的结果取平均值确定。在验潮站附近设置永久性的水准原点，用精密水准测量测定它到平均海水面的高程，作为水准网传算高程的基准。

中国测定平均海水面的验潮站设在青岛市，采用该站 1950~1956 年的验潮资料确定黄海平均海水面，测得水准原点至黄海平均海水面的高程为 72.289 米，定名为 "1956 年黄海平均海水面"。1985 年又根据青岛验潮站 1952~1979 年的验潮资料进行了计算，测得水准原点的高程值为 72.260 米，定名为 "1985 年国家高程基准"。

中国水准网的高程系统采用正常高系统，是由一系列通过三角测量、导线测量和天文测量获得水平位置的大地点构成的网。

中国国家天文大地网按逐级控制、分级布设的原则分为一、二、三、四等。主要由三角测量法布设，在西部野外测量困难地区采用导线测量法。一等三角锁沿经线和纬线布设成纵横交叉的三角锁系，锁长 200~250 千米，构成许多锁环。一等三角锁内由近于等边的三角形组成，边长为 20~30 千米。二等三角测量有两种布网形式，一种是由纵横交叉的两条二等基本锁将一等锁环划分成 4 个大致相等的部分，这 4 个空白部分用二等补充网填充，称为纵横锁系布网方案。另一种是在一等锁环内布设全面二等三角网，称全面布网方案。二等基本锁的边长为 20~25 千米，二等网的平均边长为 13 千米。一等锁的两端和二等网的中间，都要测定起算边长、天文经纬度和天文方位角，所以也常把国家一、二等三角网合称为天文大地网。中国国家一、二等三角网于 1951 年开始布设，1975 年基本完成，1978 年修补测工作全部结束，1982 年完成了全网的整体平差，全网约有 5 万个大地点，是由一系列通过测量美国全球定位系统（GPS）导航卫星、精确测定三维坐标的大地点（亦称 GPS 点）构成的网。GPS 网布设灵活，不需遵循如天文大地网那样的分级布网、逐级控制的原则布网，对网的几何结构在技术上也无特别要求。GPS 网中有若干高精度长期连续观测 GPS 的基准站，作为全网的坐标基准。中国"2000 国家 GPS 控制网"由国家测绘局布设的国家 GPSA、B 级网，中国人民解放军总参谋部测绘局布设的全国 GPS 一、二级网，中国地震局、总参测绘局、中国科学院、国家测绘局共建的中国地壳运动观测网组成，共 2609 个点。通过联合处理将其归于一个坐标参考框架，形成了紧密的联系体系，可满足现代测量技术对地心坐标的需求，同时为建立中国新一代的地心坐标系统（2000 国家大地坐标系）打下了坚实的基础。

（2）水准网

国家水准网是在全国领土范围内，由一系列按国家统一规范布设和测定高程的水准点所构成的网，又称国家高程控制网。为国家经济建设、国防建设和科学研究提供地面点高程，也为天文大地网、地形图测制提供高程控制。

国家水准网由高级到低级，分几个等级布设，逐级控制、加密。各等级的水准路线构成闭合环线。一、二等水准路线是高程控制网的基础，沿地质构造稳定、坡度平缓的交通路线布设，用精密水准测量施测。一、二等水准路线定期重复测量，用以研究地壳垂直运动。为了计算观测高差的有关改正，沿一、二等水准路线还要实施重力测量。三、四等水准路线加密一、二等水准网，直接为地形图测制提供高程控制。

为了建立全国统一的高程控制网，必须确定一个水准基面，作为网中所有水准点高程的起算基准面，通常采用大地水准面作为水准基面，它是以沿海验潮站长期的海水面升降观测结果取平均值而确定的。严格说来，以不同验潮站所得的平均海面为基准来求同一水准点的高程，其结果各不相同。国家水准网一般采用一个验潮站所确定的平均海面作为水准基面。并在验潮站附近设置永久性水准原点，将水准基面可靠地标定在地面上，由精密水准测量测定这一原点对于验潮站平均海面的高程，作为国家水准网推算高程的基准。

国家水准网中水准点的高程，由几个等级的水准测量来测定，其施测精度逐级降低，由高级控制低级。一、二等水准路线需要定期进行重复测量，以检查水准点的高程变化和研究地壳垂直运动。此外，一、二等水准路线还要实施重力测量，供改正水准测量数据之用。中国国家水准网中水准点的高程是由一、二、三、四等水准测量测定的。一等水准测量路线沿地质构造稳定和坡度平缓的交通线布满全国，构成网状，全长约 93000 千米；网中共包括 100 个闭合环，根据地区情况和实际需要，闭合环周长为 1000~1500 千米。在一等水准环内布设的二等水准网，是国家高程控制的全面基础。二等水准路线将一等水准环划分为较小的环，其周长一般为 500~750 千米。三、四等水准测量直接提供地形测量和各项工程建设所必需的高程控制点。先用三等水准测量路线将二等环分为若干个更小的环，再用四等水准测量路线进一步加密。

中国的一、二等水准测量统称为精密水准测量。它们是采用最精密的仪器施测的，并在作业过程中采取周密的措施，以消减各种误差来源的影响（见水准测量）。此外，为了校核测量结果和估计测量精度，精密水准测量必须实施往测和返测，而且规定一、二等水准测量由往返测之差计算的每千米高差平均值的中误差分别不大于 0.5 毫米和 1.0 毫米。

国家水准网在经济建设、国防建设和有关科学研究中，有着多方面的用途。国家大地网中地面点的三维坐标需要用大地经度、大地纬度和大地高程表示。地形测图需要海拔高程，这些高程由具有一定精度和密度的水准网来提供。国家的许多基本建设，如铁路和公路的修建、城市基本建设、河流的治理和农田水利建设等，都必须由国家水准网提供高程数据。在科学研究中，重复水准测量可用于监测地壳垂直运动以及城市和工矿地区的地面沉降；为地球动态的研究、地震预报的探索和环境控制提供数据；由国家水准网和各验潮站联测的结果，可以研究海面倾斜。

（3）基本重力网

我国在新中国成立前只测了 200 多个重力点，精度为 5~10 毫伽，没有建立重力基本网。新中国成立后为满足各方面需要，先后建立过三代重力基本网，即 1957 国家重力基本网和 1985 国家重力基本网，2000 国家重力基本网是第三代国家重力基本网。

重力基本网是由重力基准点和基本点以及引点组成的。重力基准点经过多台、多次的高精度绝对重力仪测定，基本点以及引点由多台高精度的相对重力仪测定，并与基准点联测。

重力基本网是确定我国重力加速度数值的坐标体系。重力成果在研究地球形状、精确处理大地测量观测数据、发展空间技术、地球物理、地质勘探、地震、天文、计量和高能物理等方面有着广泛的应用。目前提供使用的 2000 国家重力基本网包括 21 个重力基准点和 126 个重力基本点。

（4）卫星多普勒系统

卫星多普勒系统（见图 5.22），是指根据多普勒频率的物理原理和双曲线导航定位的理论实践进行导航定位的系统，又称海军导航卫星系统——NNSS 或子午仪卫星系统。美国国防部早在 1958 年便开始研发卫星导航定位系统，旨在为美军潜艇导航，1964 年投入使用，1967年提供民用。由于其全球覆盖、全天候以及不要求通视等特点，在测绘上广为使用。

卫星接收地面监控、通过星载原子钟提供时间标准向用户发送定位信息。地面监控站分设在美国夏威夷、加利福尼亚、明尼苏达和缅因州。地面监控部分监测并推算编制卫星星历、卫星钟差、导航电文、控制指令等并注入相应的卫星。用户设备部分接收卫星无线电信号，以获得卫星轨道信息、多普勒频移和精确的观测时间。因为多普勒频移是接收机到卫星距离的函数，通过数据处理即得到定位结果。

图 5.22　卫星多普勒系统

图 5.23　北斗卫星导航系统

5.3.4　北斗卫星导航系统

中国北斗卫星导航系统（见图 5.23），是中国自行研制的全球卫星导航系统，也是继 GPS、GLONASS 之后的第三个成熟的卫星导航系统。北斗卫星导航系统（BDS）和美国 GPS、俄罗斯 GLONASS、欧盟 GALILEO，是联合国卫星导航委员会已认定的供应商。

北斗卫星导航系统由空间段、地面段和用户段三部分组成，可在全球范围内全天候、全天时为各类用户提供高精度、高可靠的定位、导航、授时服务，并且具备短报文通信能力，已经初步具备区域导航、定位和授时能力，定位精度为分米、厘米级别，测速精度 0.2 米 / 秒，授时精度为 10 纳秒。

北斗卫星导航系统（以下简称"北斗系统"）是中国着眼于国家安全和经济社会发展需要，自主建设、独立运行的卫星导航系统，是为全球用户提供全天候、全天时、高精度的定位、导航和授时服务的国家重要空间基础设施。

随着北斗系统建设和服务能力的发展，相关产品已广泛应用于交通运输、海洋渔业、水文监测、气象预报、测绘地理信息、森林防火、通信系统、电力调度、救灾减灾、应急搜救等领域，逐步渗透人类社会生产和人们生活的方方面面，为全球经济和社会发展注入新的活力。

卫星导航系统是全球性公共资源，多系统兼容与互操作已成为发展趋势。中国始终秉持和践行"中国的北斗，世界的北斗"的发展理念，服务"一带一路"建设发展，积极推进北斗系统国际合作。与其他卫星导航系统携手，与各个国家、地区和国际组织一起，共同推动全球卫星导航事业发展，让北斗系统更好地服务全球、造福人类。

北斗系统由空间段、地面段和用户段三部分组成。空间段由若干地球静止轨道卫星、倾斜地球同步轨道卫星和中圆地球轨道卫星组成。地面段包括主控站、时间同步/注入站和监测站等若干地面站，以及星间链路运行管理设施。用户段包括北斗及兼容其他卫星导航系统的芯片、模块、天线等基础产品，以及终端设备、应用系统与应用服务等。

尽管在导航市场地位上一时还无法超越 GPS，但北斗系统也有自己取胜的独门绝技——"短报文"功能正是一大亮点。

"短报文"与目前的手机短信功能相类似，用户可以通过终端发送一条长度为 120 个字的信息，向外界告知位置。这在手机信号稳定的城市乡镇可能意义不大，但对经常出没于沙漠深山荒僻之地的"驴友"们来说，可谓大福音。2011 年 9 月 30 日，一个 14 人户外登山团队违规进入四川四姑娘山景区海子沟，连续 12 天都无法和外界取得联系，当地组织数批搜救队进山搜寻，但始终无功而返，直到"失踪"14 天之后，这批驴友才走出信号盲区。

有了北斗的用户终端后，这样的麻烦就能轻易化解。据了解，目前有 10 万台利用"北斗一号"研发的类似"大哥大"的用户端投入市场。这种用户端虽然看起来很像砖头，但功能不容小觑。"驴友"们在没有信号的偏远山区迷路、大海航行迷失，都可以利用这个"大哥大"将自己的位置发送给北斗卫星，这样，搜救队就可轻而易举将用户定位。当然，"北斗"并不只为"驴友"们量身定做。若在大海中航行捕鱼的渔民迷失了方向，在没有手机信号的情况下，可以通过北斗系统发送消息，总部就能很容易找到失踪船只。若消防队员深入森林救火，进入信息盲区，没有手机信号，与外界失去了联系，通过终端给"北斗"发送信息，搜救部队就能轻易得知被困者所在位置。

在川西北通信信号遮蔽干扰严重的复杂环境中，美国的 GPS 只能显示终端位置信息而无通信功能，而卫星移动电话虽可实现语音通信，但不具备定位导航功能。北斗卫星导航系统同时具备空间定位、时间基准授时和短报文通信功能，解决了抢险救灾应急指挥中的定位与通信难题。据统计，在救援期间，搜救部队用"北斗"发了 74 万条短信，为地震救援搭建了一个既能显示位置信息又能保持调度信息传递顺畅的指挥平台。在 2008 年南方冰冻灾害、2010 年玉树抗震救灾、舟曲泥石流救灾中，北斗卫星导航系统同样大显身手。

除了独特的短信功能能够在救援方面大显身手，北斗还有诸多功能，为科学研究、社会管理和日常生活提供了便利。北斗目前最大的民用领域是海洋渔业，应用终端在海洋渔业领域已形成规模，入网用户已过万户。北斗能够有效帮助对渔船实施动态监控、应急救援和防台救灾。北斗在海洋渔业的应用还包括为渔船发布天气预报和预警、提供渔业信息等。

5.3.5　测绘数据安全

地理空间数据是指具有空间位置属性的基础数据和专题数据，是描述关于人类赖以生存的地球的重要信息，是国家基础设施建设和地球科学研究的支撑性成果，是国家经济、国防建设中不可缺少的资源，是国家基础性、公益性设施。它的安全问题是在国家信息化建设过程中，在数字技术深入各领域的条件下的一个新课题，涉及国家安全、科技协作交流和知识产权保护等各个方面，是制约我国经济、科学与技术可持续发展的重要因素之一。

随着空间技术、计算机技术、信息技术以及通信技术的发展，测绘学科从理论到手段都发生了根本性的变化，并正步入信息采集、数据处理和成果应用的自动化、智能化、网络化、实时化和可视化的新阶段。数字化的产品形式、网络化的保障方式将是地理空间数据保障的主要方式。这种保障方式极大地方便了数据的交流、共享，有利于各行各业方便地使用空间数据，促进了各行各业的发展，但也面临着各种各样的信息安全威胁，如计算机病毒、网络黑客、空间信息的非法浏览、复制、篡改、窃取、传播和版权侵犯等。同时，随着空间数据采集技术的提高，采集数据的手段、时效性和数据精度等都有了明显增强，一个不容忽视的安全问题就是非法测绘。《非法测绘缘何屡禁不止》一文首先从境外组织、机构和人员在我国境内进行的非法测绘案件说起，然后分析了空间数据的重要性以及公众对空间数据安全的认识误区，最后提出了对制定我国空间数据安全政策的建议。

历史和现实一再表明，一个国家的地理信息特别是关键地理坐标等的外泄，往往会对国家安全造成不可估量的危害和损失。从科索沃、阿富汗、伊拉克到利比亚，北约的远程精确制导武器之所以能摧城拔寨，与他们事先掌握对手大量高精度地理空间信息数据密切相关。这些数据目前仅靠卫星还无法完全获得，必须进行实地测绘。因此，对待非法测绘我们必须投去关注和警惕的目光。

近年来，在中国违法测绘的涉案人员国籍有所扩展，其涉案主体呈现多元化态势，他们多采取旅游、探险、登山、考古等形式在中国境内非法从事测绘活动，有的还通过项目合资、合作等形式非法采集中国重要地理信息数据。另外，有些电子地图发烧友出于爱好还会实地勘察，帮一些网站甚至可能是敌对势力进行野外测绘工作，核实相关地理信息的准确性。

目前，我国的测绘工作在具体管理上还存在一些不足。比如，小型化的 GPS 仪器很容易买到，在入境的时候，出入境管理部门很难限制住精度超过相关规定的 GPS 仪器随外国入境者进入中国。鉴此，各级测绘行政主管部门要依法加强测绘项目登记备案工作，强化本地区测绘活动的日常监督检查。测绘人员必须持有有效的作业证件。导航电子地图资质单位不得以任何形式雇佣外籍员工。对本国工作人员，平时也要加强监督管理，形成管控合力。测绘工作一般涉及科研机构和高校，这就需要这些相关部门的科研人员在与境外合作时保持足够的警惕。

随着科学技术的发展，各类地理信息测绘的技术日新月异，实地测绘的工具也会更加隐蔽，这就需要我们加强反非法测绘技术的研发和投入，否则，地理信息领域的"防盗"将会越来越难。

地理空间数据是国家基础设施建设和地球科学研究的支撑性成果，是国家经济、国防建设中不可缺少的资源；是国家信息化建设的重要组成部分，是国家空间信息资源的核心部分。它是一切地球科学研究成果的地理定位框架，也是实施电子政务、电子商务和国防信息化建设的基础。它不仅为国民经济建设、国防建设和经济社会信息化提供统一的空间数据平台，而且是国防安全和军队现代化建设、作战指挥的基础，是包括数字化战场建设、战场监测、空间定位和指挥自动化系统运作的前提，是研究地形、制定作战方案、组织作战指挥的重要依据。地理空间数据为武器装备提供了重要保障并成为其重要组成部分，为作战指挥提供了平台，为数字化战场建设提供了有力支持，为空间技术发展提供了基础保障。一旦要害机构、敏感设施、重要资源地的详细地理数据被他方准确掌握，那就意味着这些具体目标随时会被锁定，战时就会遭到异常精准的攻击。因此地理空间数据对于维护国家安全，特别是未来军事斗争准备，具有特别重要的意义。

5.3.6 珠峰测量

珠穆朗玛峰，简称珠峰，是喜马拉雅山脉的主峰，同时是世界海拔最高的山峰，位于中国与尼泊尔边境线上，北部在中国西藏定日县境内，南部在尼泊尔境内。数千万年前，印度洋板块与亚欧大陆板块碰撞挤压，青藏高原逐渐隆起并形成"世界屋脊"，其中最具代表性的山峰便是珠峰。2020年12月8日，中国和尼泊尔两国联合对外宣布，经过两国团队的扎实工作，确定珠穆朗玛峰的最新高程为8848.86米。此次珠峰高程测量（见图5.24）也是我国对珠峰展开的第四次大规模测绘和科考。2020珠峰高程测量，我国采用了"综合运用GNSS卫星测量、水准测量、光电测距、雪深雷达测量、航空重力和遥感测量、似大地水准面精化和实景三维建模等多种传统和现代测绘技术，精确测定珠峰高程"的技术路线，并与尼泊尔扎实开展技术合作，最终确定了基于全球高程基准的珠峰雪面高程为8848.86米。

此次测量工作，在珠峰地区建立了全球导航卫星系统（GNSS）坐标控制网，测量队员分阶段开展高精度GNSS网观测，获取343个网点的三维坐标从而建立了高精度的珠峰高程测量坐标起算基准。再将黄海高程基准值精确传递到珠峰脚下，在珠峰及周边

（a）1968 年珠峰测量　　　　　　　　　　（b）1975 年珠峰测量

（c）1998 年珠峰高程测量　　　　　　　　　（d）2005 年珠峰高程测量

图 5.24　珠峰高程测量

地区布设高程控制网，开展水准测量，从位于西藏日喀则地区的国家一等水准点起测，测量队员利用精密水准仪，一站一站地将黄海高程基准值精确传递到珠峰脚下，共完成了 780 多千米的水准测量，这都是需要测量队员以徒步测量的方式完成的。

　　此次测量工作，首次在珠峰北侧开展航空重力测量，在珠峰及周边地区开展重力测量。精确测定珠峰高程需要建立珠峰地区的高精度大地水准面模型，进而需要分布均匀的高精度重力数据。一般的重力测量采用的是地面重力测量的方法，测绘人员携带重力仪进行实地测量，将仪器放置在某个测量点位上，测量一段时间就能得到这个点位的重力数据。珠峰地区平均海拔高度在 5000 米以上，地形地貌极端复杂，大部分区域无法开展地面重力测量，重力数据稀少，存在大量重力资料空白区。因此，我们在全世界首次在珠峰北侧地区开展航空重力测量，以解决重力数据空白问题，提升珠峰地区高程起算面的精度。

此次珠峰北侧地区航空重力测量使用航空地质一号飞机，搭载先进的航空重力仪，飞行高度超过 1 万米，共获取航空重力测线总长度 5635.2 千米，覆盖面积达 1.27 万平方千米。珠峰本身地形复杂，数据资料不全，飞机在高海拔地区起飞，风又特别大，可以说是高风险、高难度的飞行。

2020 年 5 月 27 日 11 时，中国测量登山队登顶成功后，在峰顶创纪录地停留了 150 分钟。在峰顶开展了测量觇标架设、GNSS 测量、雪深雷达测量和地面重力测量，使用的都是国产仪器。测量登山队员首次实现了峰顶北斗卫星定位，观测时间超过 40 分钟，峰顶点与珠峰地区 9 个 GNSS 地面测站组成峰顶 GNSS 联测网，进行 GNSS 同步观测。测量登山队员利用国产重力仪，在世界上首次测量了珠峰峰顶重力观测值，这有助于提高珠峰高程起算面的精度。另外，采用国产地质雷达探测仪器测量了峰顶冰雪层厚度。与此同时，地面测量人员从珠峰脚下的 6 个测站，利用自主研发的长测程测距仪照准峰顶觇标反射棱镜进行交会观测，最长测距接近 19 千米，交会观测数据主要为峰顶 GNSS 测量数据提供独立检核。在珠峰峰顶这样一个极寒、极低气压的高海拔环境中成功完成测量，很好地说明了国产测量仪器的长足进步。

珠峰测量数据处理分析，所有测量数据获取完毕并经过质量检查后，进入珠峰测量数据处理分析阶段。概括而言，珠峰高程测量数据处理的核心是通过严密计算得到珠峰的"顶"和"底"的精确位置。对 GNSS 控制网、峰顶 GNSS 联测网和交会测量数据进行处理，可以得到珠峰峰顶觇标点的三维空间坐标，即纬度、经度和大地高。数据处理结果表明：利用 GNSS 测量数据计算的珠峰大地高与交会测量确定的结果，仅相差 2.6 厘米，考虑到两种技术手段相互独立，这个量级的差异是非常小的；根据误差理论，GNSS 测量获取的珠峰大地高结果精度达到了毫米级。这就实现了珠峰"顶"的高精度测定。接下来要精确计算珠峰"底"的位置，科学家基于物理大地测量的理论方法进行数据处理，联合航空重力、地面重力、高分辨率地形和其他数据，结合 GNSS 和水准测量数据，建立珠峰地区的大地水准面模型，这就相当于把珠峰高程起算面，也就是黄海高程基准面这个"底"精准地确定出来了。结果表明，加入航空重力测量数据后，珠峰高程起算面精度达到了 4.8 厘米，相比没有航空重力测量数据时，精度提高了近 40%，这意味着珠峰海拔高程的精准度也会相应提升。精准确定了珠峰的"顶"和"底"，珠峰峰顶的大地高减去大地水准面差距，就能获取精确的珠峰高程值。

2020 珠峰高程测量的总体目标是落实中尼联合声明，实现中尼两国共同宣布珠峰高程。中尼双方成立了中尼珠峰测量联合技术委员会，合作开展了数据处理。高程基准是珠峰高程测量的关键要素，中国和尼泊尔都有自己国家法定的高程基准，中国是黄海平均海平面，尼泊尔是印度洋平均海平面。按照国际合作惯例，国际合作中通常采用共同高程基准，而不采用某一方的高程基准。中尼联合技术委员会经过技术会谈最终商定：根据国际大地测量协会发布的关于全球高程基准（IHRS）的定义和参数，联合地面重力、航空重力及其他数据建立珠峰地区重力大地水准面，这是全球高程基准在珠峰地区的具体实现，作为中尼共同宣布珠峰高程的起算面。选定了高程基准后，中尼在数据处理阶段，逐项对中间数据和结果进行了细致比对和反复检核，双方数据和结果的一致性很好，最终双方技术团队共同确定基于全球高程基准的珠峰雪面高程为 8848.86 米。

此外，在 2020 珠峰高程测量工作中，我国还开展了珠峰地区航空遥感测量、实景三维模型构建和冰川变化监测等工作。2020 珠峰测量获取的丰富观测数据成果，将为珠峰地区的生态环境保护修复、自然资源管理、地质研究与调查等领域提供宝贵的第一手观测资料。测绘工作能够为其他许多学科提供基础支撑。珠峰高程测量所获得的 GNSS、水准、重力以及气象测量成果，可用于冰川变化、地震、地壳运动等问题的研究。而精确的峰顶雪深、气象和风速等数据，也将为冰川监测、生态环境保护等方面的研究提供一手资料。我国每一个时期的珠峰高程测量都凝聚了当时国家的最高科技水平。精确测定珠峰高程是一次挑战生命极限的科学探索，是人类认识地球的重要标志，是国家主权、科技水平与综合国力的象征，也凝结着一代代测绘人对祖国的无限忠诚。珠峰是地球的第三极，也是地球上的最高峰。回答珠峰隆起的具体量级一直是地球科学工作者关注的科学问题。精准的珠峰高程测量成果，体现了国家综合实力和科技发展水平，更是国家主权的象征，具有重大的国际影响和社会效益。

5.4 经验教训

5.4.1 钻孔偏离

在美国路易斯安那州南部小城新伊比利亚西郊约 15 千米处，有一个面积约 5 平方千米的淡水湖，它的名字叫作皮内尔湖，这条湖有一条 15 千米的德尔坎伯运河连接着墨西哥湾。这是一个小型的淡水湖，最大深度也仅为四五米，当地人主要在湖里钓蹲鱼。这里拥有丰富的盐矿和石油资源，1980 年，皮内尔湖下方的石油资源成功引起一家名为德士古（Texaco）的石油公司的注意。1980 年 11 月 20 日星期四，由德士古公司承包的石油钻机开始勘探皮内尔湖下方的石油，在钻至地下约 400 米时，意外不期而至，36 厘米长的钻头卡住了。钻机上的人将驳船松开，从钻机上爬下来，移到了约 270 米以外的岸边。在他们放弃了耗资 500 万美元的钻井平台后不久，工作人员惊讶地看着巨大的平台和井架翻转，消失在原本应该很浅的湖中，要知道，那里的湖水只有 3 米深，然后湖中喷出了 100 多米高的喷泉。很快，该位置周围的水开始转向。起初它很慢，但一直稳定加速，最终形成一个直径约 400 米的超级漩涡，其中心直接位于钻探位置上方，130 亿升湖水瞬间干涸。除此之外，28 万平方米的土壤也被吞噬，不计其数的珍贵树木消失，房屋接二连三地沉降坍塌。这个漩涡的吸力之恐怖，直接逆转了从皮内尔湖流向墨西哥湾的德尔坎伯运河，墨西哥湾的海水开始倒灌进干涸的皮内尔湖，在海水倒灌的过程中，还一度产生了落差超过 50 米的瀑布，成为当时路易斯安那州最大的瀑布。因为海水的倒灌，湖水从淡水变成咸水，在接下来的两天里，海水装满了皮内尔湖，皮内尔湖的最大深度则由 5 米激增至 61 米，成为路易斯安那州最深的湖泊。

唯一值得庆幸的是，事故并没有造成人员的伤亡，事故发生时，地下盐矿里的人们同样十分惊讶，他们居然看到了最不该在盐矿里出现的东西——水。55 名盐矿工人曾受过系统的救生培训，在大水完全到来之前逃离了平台。当时湖面上的一位渔夫驾驶小船载着他们上岸逃脱。事故发生后的几天，水压平衡后，11 艘沉没的驳船中有 9 艘从漩涡中弹出，并重新漂浮在湖面上。经过这次事故，皮内尔湖周围的生态环境发生了翻天覆地的变化。湖里的鱼类已被鲹鱼等咸水物种所取代，原本的淡水鱼则遭到了灭顶之灾，湖边许多珍贵植物也受到毁灭性打击。

事故的发生是因为皮内尔湖地下遍布着大大小小的盐井，自 19 世纪以来，采盐业就是当地最重要的收入来源。由于盐和沉积岩之间长期存在应力作用，因此地下的盐矿并不平坦，而是表现为一座座起伏的盐丘，有的盐丘规模甚至可比肩珠穆朗玛峰。盐丘往往会穿透地层，形成断层和褶皱。皮内尔湖下的矿山包括许多地下层，最高可达457.2 米，每个隧道宽约 30 米，高约 24 米。盐柱则起到了支撑作用，除此之外，盐丘底部还常伴有一种颜色截然相反的矿藏——石油，这也是皮内尔湖石油资源丰富的原因。

由于钻井工人坐标参考系统的错误或曲解（当设备使用通用横轴墨卡托投影坐标系计算坐标时，但其实它们使用的是横轴墨卡托投影坐标系），造成了钻孔偏离（见图 5.25），他们意外地钻入了湖下盐矿，最初的结果是管道堵塞，但是湖中的淡水很快就开始滴入盐矿中，湖水开始溶解盐分并扩大孔眼，内外压力差，以及水本身的重力，使得越来越多的水被吸了进来，盐矿很快坍塌，钻机等残余物被吸入湖底，小小的钻孔从小洞变成巨大的漩涡。地下盐矿内的空气被洪水不断挤压，最终形成一个压力的临界值。盐矿最后爆炸，入口处因此喷出了 100 多米高的喷泉。最终，盐矿的所有者从德士古和石油钻探公司处获得了总计 4500 万美元的赔偿，并最终退出了盐矿开采业务。

5.4.2　桥墩墩位偏差

2001 年，某公司监管的西南地区枢纽某联络线工程，由某局负责线下工程施工。该局管段长度 4.4 千米，共有大、中、小桥七座，其中四座位于半径 600~800 米的曲线上。工程进入铺架阶段后，铺架施工单位从小里程向大里程方向铺轨至第一座

（a）皮内尔湖　　　　　　　　　　　　　　　（b）漩涡

图 5.25　钻孔偏离

曲线桥时，发现梁位不正。停工复查发现，四座曲线桥的线路中心与墩位中心重合，（见图 5.26），未按设计从线路中心向曲线外侧设置偏心距，其中四台七墩误差超限，最大偏差达 420 毫米。

　　事发后，由建设单位牵头组成了事故调查组（按照现行规定应由行业质量监督部门组织），调查认为这是一起工程测量事故。经事故调查组同意，由线下施工单位委托原设计单位对误差超限的墩台重新进行检算并编制加固设计文件，分别采取了基础加宽、桥墩穿裙子（20 厘米厚钢筋混凝土）的加强措施。

　　事故造成直接损失：①事故责任相关各方商定，线下施工单位支付设计鉴定费、工程加固费、预制梁存放场地费、铺架单位人员窝工损失费，按照当时价格合计 100 多万元。按现行《铁路建设工程质量事故调查处理规定》（铁建设〔2009〕171 号）规定，直接经济损失 100 万元及以上、500 万元以下属工程质量较大事故。②铺架施工单位自行承担架桥机、铺轨车、运输车设备租赁（闲置）费。③监理单位自行承担相应监理费用。事故造成间接损失：①工程延期交工 45 天。②监理单位企业信誉遭受重大损法，

图 5.26　桥墩墩位偏差

按照现行《铁路建设工程质量安全事故与招投标挂钩办法》（建建〔2009〕273号）规定，将根据情节取消监理企业1个月及以上投标资格。

5.4.3　隧道贯通偏差

隧道贯通中线偏差（见图5.27）大大超过规定标准。隧道开挖从两端进行，在中间接头的部位出现错位，造成较大的隧道贯通偏差，引起的主要原因是测量错误。

广州地铁3号线北延段广州大道北南方医院站某项目，该车站围护结构采用地下连续墙单用明挖基坑施工，发现测量事故时，连续墙已经完成100多米。2008年6月项目部进场，由地铁公司（业主）、监理参与，施工单位接收了业主第三方测量单位提供的首级控制点，测量组利用控制点支点放线施工，项目部发现连续墙平面位置与设计不符，经总公司派出的测量人员复测发现连续墙有偏位，最大水平偏位80厘米。事故发生后，随即要求该项目所有施工立即停工，并通过业主第三方测量队赶赴施工现场，经测量人员详细联测检查，确认"偏差80厘米"的测量事故。经仔细查看项目部测量施工放线记录，发现项目部测量放线所采用的控制点都是用支点完成的，并且连续支点测四次，没有和业主第三方测量队交的控制点进行附合导线测量，放线支点 X、Y 值最大相差67厘米。

事故带来的启示及规避措施：首先必须按业主要求对导线控制点及水准点进行复测，同时进行必要的加密，具体要求见《城市轨道交通工程测量规范》GB/T 50308—2017；车站施工控制点必须有三个点以上，加密必须是附合水准加密、附合或闭合导线加密；现场测量放线必须三个控制点，包括测站点、后视点和检测控制点。

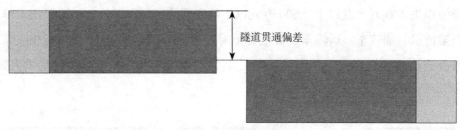

图5.27　隧道贯通偏差

5.4.4　桥梁合龙偏差

九江大桥是325国道上的一座特大型桥梁，位于广东省南海区九江镇与江门鹤山市之间，跨越珠江水系西江主干流。桥梁全长1675.2米，桥面宽16米，于1985年9月开工，1988年6月正式建成通车。2007年6月15日凌晨5时10分，一艘佛山籍运沙船偏离主航道航行撞击九江大桥，导致桥面坍塌约200米，后证实有4辆汽车的7名司乘人员以及 2 名现场施工人员共 9 人坠江失踪。这就是"九江大桥 6·15 船撞桥断事故"，也称为"九江大桥事件"。

九江大桥是"四跨一连的连续梁"结构，一个桥墩坍塌，其他几个就像多米诺骨牌，难免被殃及。当年桥面合龙时有约 10 厘米的桥梁合龙误差（见图 5.28），是被硬压到桥墩上强迫合龙的，所以九江大桥稍稍有点"扭曲"。10 厘米对这样一座跨径 160 米的桥来说，已是个不该被忽略的大误差了。

（a）桥梁合龙偏差过大　　　　　　　　（b）倒塌后的九江大桥

图 5.28　桥梁合龙偏差

第6章
机构篇

6.1　机构沿革

1956 年第一届全国人民代表大会审议批准设立国家测绘总局。

1969 年国家测绘总局撤销，由军队统一管理全国测绘工作。

1973 年国家测绘总局重建后继续主管全国测绘工作，归国家建委管理。

1982 年国家测绘总局更名为国家测绘局。

1988 年国家测绘局变为建设部归口管理的国家局。

1993 年国家测绘局由原建设部归口管理的国家局改为由建设部管理的国家局。

1998 年国家测绘局由建设部管理的国家局变为由国土资源部管理的国家局。

2011 年国家测绘局更名为国家测绘地理信息局。

2018 年组建的自然资源部负责测绘行业管理，不再保留国家测绘地理信息局。

6.2　测绘相关的国家级机构

6.2.1　自然资源部国土测绘司

国土测绘司是自然资源部内设机构，其拟订全国基础测绘规划、计划并监督实施。组织实施国家基础测绘和全球地理信息资源建设等重大项目。建立和管理国家测绘基准、测绘系统。监督管理民用测绘航空摄影与卫星遥感。拟定测绘行业管理政策，监督管理测绘活动、质量，管理测绘资质资格，审批外国组织、个人来华测绘。

6.2.2　自然资源部地理信息管理司

地理信息管理司是自然资源部内设机构，其拟定国家地理信息安全保密政策并监督实施。负责地理信息成果管理和测量标志保护，审核国家重要地理信息数据。负责地图管理，审查向社会公开的地图，监督互联网地图服务，开展国家版图意识宣传教育，协同拟定界线标准样图。提供地理信息应急保障，指导监督地理信息公共服务。

6.2.3　自然资源部中国国土勘测规划院

中国国土勘测规划院是自然资源部直属的公益性、基础性事业单位。其前身为中国土地勘测规划院，经国务院批准成立于 1987 年，2018 年自然资源部组建后更名为现名。其主要职责是承担自然资源资产调查监测评价评估及确权登记、国土空间规划及用途管制技术、标准研究和重大项目组织实施任务，开展耕地保护、土地节约集约利用、产权制度政策研究，为自然资源督察执法提供技术支撑，为自然资源管理提供技术保障。

具有国家甲级测绘单位资质和全国土地规划甲级资质，与国际多个政府部门、学术组织和科研机构，以及全国国土勘测（空间）规划院系统建立了广泛的合作关系。建院 30 多年来，承担完成三次全国国土（土地）调查及年度变更调查、地籍调查与确权登记、城乡土地价格监测、土地节约集约利用状况评价、国土空间规划与用途管制、土地生态调查、全国土地基础数据库建设、耕地保护、征地制度改革等重大工程和研究项目1000余项，以及国家重点研发、"863计划"、科技支撑、自然科学基金等科技项目。有5项成果获国家科技进步二等奖，100余项成果获得部（局）级科技进步奖和优秀成果奖，为我国资源保护和经济发展服务作出了积极的贡献。

中国国土勘测规划院目前设有19个内设机构，分别是办公室、党群办公室、纪委办、人事处、科技处、总工办、财务处、学术交流办公室（中国土地学会办公室）、外事办公室、土地资源调查所、地籍所、土地规划所、土地规划评审中心、地价所、地政研究中心、土地利用重点实验室、数据中心（土地信息工程所/土地科技资料中心）、《中国土地科学》编辑部、后勤服务中心。

6.2.4 自然资源部地图技术审查中心

地图技术审查中心是自然资源部直属的正局级事业单位，主要职责如下：

（1）开展公开地图内容、新型公开地图内容、公众版测绘成果中涉及地图审核内容等相关政策、标准和规范研究拟订工作。

（2）承担公开地图内容与公众版测绘成果中涉及地图审核内容的技术审查。

（3）承担国界线标准地图发布的技术支撑。配合拟定世界各国国界线画法参考样图、中国国界线画法标准样图和行政区域界线标准画法图。

（4）承担"问题地图"监控工作。建设运行"问题地图"监控系统。

（5）承担互联网地理信息安全监控工作。建设运行互联网地理信息安全监控系统。

（6）承担地图类相关监督管理与执法制度研究和拟定工作。配合完善测绘地理信息行业信用指标。承担地图市场调查。承担地图内容鉴定工作。

（7）承担公益性地图服务。建设运行公益性地图服务系统。

（8）承担国家重大活动审图服务保障。

（9）开展审图科技创新、标准研究及国际合作与交流。协同开展国家版图意识宣传教育。

（10）承担对省级地图内容审查机构的业务指导。

（11）承办部交办的其他任务。

地图技术审查中心共有5个内设机构，分别为内设管理机构1个：办公室；内设业务机构4个：审图一处、审图二处、审图服务保障处、监控处。

6.2.5 自然资源部测绘发展研究中心

测绘发展研究中心是自然资源部直属事业单位，负责测绘发展战略、政策法规等全局性、综合性、战略性、长期性重大问题的研究和决策咨询，主要职责如下：

（1）负责组织实施测绘发展战略、改革等重大政策方面的研究工作。

（2）承担测绘事业发展中长期规划和重要专项规划制定的前期性工作。

（3）研究和整理国内外测绘及相关领域发展状况及重要信息，并提出意见和建议。

（4）受自然资源部委托，承担基础设施建设项目和测绘工程项目立项建议、评估、咨询和可行性研究工作。

（5）承担有关重要文稿的起草工作。

（6）承办自然资源部交办的其他工作。

测绘发展研究中心共有4个内设机构：办公室（人事处）、战略与规划研究室、应用与服务研究室和管理与法制研究室。测绘发展研究中心开展测绘发展战略研究和组织测绘发展战略论坛，编辑出版《中国测绘事业发展战略研究报告》和《测绘发展战略论坛文集》；参与研究起草《全国基础测绘中长期规划纲要》和《测绘事业发展第十一个五年规划纲要》；参与研究起草《国务院关于加强测绘工作的意见》和《国务院关于加强测绘工作的意见辅导读本》；参与国家测绘地理信息局有关会议和政策文稿的起草工作；组织开展地理信息产业政策、测绘成果保密与应用政策、航空摄影统一监管政策等专题研究；收集整理和编印《美国测绘发展战略与地理信息产品介绍》等国外测绘发展相关资料。

6.2.6 自然资源部中国测绘科学研究院

中国测绘科学研究院成立于1959年，是自然资源部直属事业单位、国内测绘地理信息最大的多学科综合性研究机构和唯一的中央级公益性科研院所，甲级测绘单位，通过ISO质量管理体系认证，引领测绘地理信息技术变革，为我国各个时期经济社会发展提供了坚实的测绘地理信息科技保障。

研究领域涵盖大地测量与导航、摄影测量与遥感、地图学与地理信息系统、地理空间大数据、自然资源调查监测等方向。设有大地测量与地球动力学研究所、摄影测量与遥感研究所、地图学与地理信息系统研究所、地理空间大数据应用研究中心和自然资源调查监测研究中心等公益研究机构；现有国家测绘工程技术研究中心、测绘地理信息国际联合研究中心、国家野外科学观测研究站等国家科技创新平台和自然资源部测绘科学与地球空间信息技术重点实验室及国家测绘地理信息计量站，有近10家地方分支机构，形成了由公益研究、中介服务、高科技企业和协同创新平台组成的测绘地理信息科技创新体系。

建院以来，完成了全国天文大地网平差，建立了国家重力网，突破了大相幅多光谱航空摄影、微分法空中三角测量等技术，研发了高分辨率遥感影像一体化测图系统（PixelGrid）、遥感影像智能解译系统、SAR测图系统、JX系列数字摄影测量系统、无人机遥感系统、地理信息平台软件、无极地图工作站等技术产品，推动了从模拟测绘到数字化测绘、信息化测绘甚至智能化测绘的历史性变革。主持或支撑了多项国家重点科研项目和重大工程应用，包括国家西部测图工程、海岛（礁）测绘、珠峰高程测量、全国土地调查监测、数字（智慧）城市建设、全国地理国情普查监测、2000 国家大地坐标系建立与应用等。

6.2.7　自然资源部国家基础地理信息中心

国家基础地理信息中心是自然资源部直属事业单位，主要职责：承担全国基础测绘和重大测绘工程的技术研发、项目设计与组织实施工作；负责国家大地基准建设、维护、更新与应用服务工作；承担国家测量标志保护有关工作；负责国家基础地理信息系统建设、维护、更新、应用服务及地理信息安全监管相关工作；负责全球地理信息资源建设项目设计、组织实施及成果应用服务工作；承担地理国情监测、自然资源专项调查监测、国土空间规划实施监测等相关工作；负责国家地理信息公共服务平台建设、维护、应用服务、技术研发及相关业务支持工作；负责国家基础航空摄影项目设计与组织实施工作。承担应急测绘保障服务、重要地理信息数据审核以及涉密基础地理信息数据共享、开放业务支撑工作；负责国家测绘地理信息成果和业务档案的保管、提供与开发利用工作；承担全国地理信息标准化技术委员会秘书处和 ISO/TC211 国内技术对口工作。

1995 年 12 月 28 日，全国测绘资料信息中心和中国测绘工程规划设计中心合并成立国家基础地理信息中心。国家基础地理信息中心可向国家有关部门和单位提供多比例尺模拟和数字地图、国家天文大地网、GPS 网、重力网、大地水准面等多精度空间基准成果和卫星遥感影像资料、测绘成果档案等服务。

国家基础地理信息中心是《地理信息世界》专业期刊的主要主办单位，承担全国地理信息标准化技术委员会秘书处和 ISO/TC 211 国内技术归口办公室工作，多名专家分别在国际摄影测量与遥感学会（ISPRS）、亚太地区地理信息基础设施常设委员会（PCGIAP）等国际学术团体中任职。

6.2.8　自然资源部国土卫星遥感应用中心

国土卫星遥感应用中心是自然资源部直属事业单位，主要职责如下：

（1）组织开展自然资源卫星及其业务发展规划起草和战略研究，统筹协调海洋、林草卫星遥感业务需求，开展陆海综合观测体系建设。

（2）负责自然资源陆地卫星的总体指标设计，以及卫星工程的立项、建设和实施，开展陆地卫星遥感关键技术创新、相关数据政策和技术标准的拟定。

（3）负责自然资源陆地卫星应用系统总体设计、工程建设、技术协调、观测计划制订和任务管控，构建部、相关直属机构、省卫星遥感信息高速服务保障网络，建立与海洋、林草卫星遥感应用机构信息高速通道。

（4）承担自然资源陆地卫星数据及基础产品生产、管理、更新与数据库建设，组织实施陆地卫星在轨测试、几何检校、辐射标定和精度验证，承担陆地卫星数据、基础产品和服务的质量检验工作。

（5）负责自然资源陆地卫星遥感数据分发服务体系建设，统筹卫星影像获取，承担部商业卫星数据采购，承担数据的分发服务、自然资源陆地卫星遥感应急保障，为自然资源管理提供卫星遥感数据支撑。

（6）负责建立自然资源陆地卫星遥感监测服务体系，开展国土空间、资源变化、自然环境和综合治理等卫星遥感监测，建立常态化和重要专项保障机制，为自然资源管理、生态保护和修复等提供陆地卫星遥感技术和业务支撑。

（7）负责组织自然资源陆地卫星遥感技术培训、应用推广和产业化建设，开展国际交流与合作。

（8）承办自然资源部交办的其他工作。

6.2.9 自然资源部国家测绘产品质量检验测试中心

国家测绘产品质量检验测试中心成立于 2010 年 8 月，是自然资源部直属的正局级公益二类事业单位，取得国家认证认可监督管理委员会颁发的检验检测机构资质认定证书，具备 12 个大类 39 个小类测绘相关成果的质检条件和能力。

主要职责共 11 项，分别是受委托开展测绘与地理信息、自然资源调查监测与确权登记、国土空间规划与生态修复等领域地理信息成果、产品的质量监督检验测试相关政策、标准和规范的研究拟订工作；承担全国范围内的国家级测绘与地理信息成果质量检验工作；承担对国家重大测绘与地理信息项目的质量检验工作；承担自然资源调查监测与确权登记、国土空间规划与生态修复等自然资源领域地理信息成果的质量检验工作；承担国家地理信息安全检测有关工作以及测绘资质检查相关业务支撑工作；承担有关测绘与地理信息科研成果及新产品所需的质量检验、测试工作；开展测绘质检相关科技创新、标准研究及国际合作与交流；开展有关测绘与地理信息成果质量的委托检验和技术咨询；承担测绘与地理信息成果质量争议的仲裁检验的技术支撑；承担对省级测绘成果的质量检验机构的业务指导；承办部交办的其他任务等。

承担完成了全国测绘地理信息成果质量监督检查任务，组织开展了变形测量、管线测量、基本比例尺地形图、规划测量、航空摄影、三维地理信息模型等测绘项目成果质量监督抽查，以及全国测绘资质单位质量管理体系建设和运行情况的检查，开展了导航电子地图产品质量测评及样本库建设、高级辅助自动驾驶系统地图保密技术检测评估以及自动驾驶地图精度评估等工作。

6.3 国内外测绘学会

6.3.1 中国测绘学会

中国测绘学会于 1956 年 7 月开始筹建，1959 年 2 月 19 日正式成立，是在民政部依法登记的法人社团组织，是中国科学技术协会的组成部分；是由全国测绘科技工作者和有关测绘单位以及相关学术团体依法自愿组成的民间组织；是具有独立法人资格和社会公益性质的全国性、行业性、学术性、科普性社会团体；是进行民间国际测绘科技交流的学术团体。业务主管单位是中国科学技术协会，登记管理机关是中华人民共和国民政部，办事机构挂靠在自然资源部。

中国测绘学会下设工程测量、科技信息网、大地测量与导航、摄影测量与遥感、地图学与地理信息系统、仪器装备、海洋测绘、矿山测量、发展战略、《测绘学报》编辑、科学普及、教育、测绘学名词审定、地理国情监测、注册测绘师、产品质量、卫星遥感应用、电子商务、地图大数据创新、边海地图、无人机创新、地下管网、文化遗产保护专业委员会、位置服务、智慧城市、大数据与人工智能等 26 个专业（工作）委员会，这些机构分别挂靠在科研院所、大专院校及企事业单位。全国除台湾省以外 33 个省、自治区、直辖市均成立了测绘（地理信息）学会，全国还有 70 多个地市县级学会，各省、自治区、直辖市及计划单列市测绘（地理信息）学会是地方科协的组成部分，在业务上接受中国测绘学会指导。

学会办事机构包括综合处、学术交流处和科学普及处。

6.3.2 国际大地测量学会

国际大地测量学协会是世界各国大地测量学术团体联合组成的学术组织，是国际大地测量学和地球物理学联合会（IUGG）所属的 7 个协会之一。宗旨：通过国际合作，促进大地测量学的发展，协调需要国际合作的工作，如三角测量的实施和三角网的平差，各国基本重力点的联测，应用于大地测量的空间技术的国际联系，地球动态的观测和研究，以及其他有重大意义的大地测量学问题的研究。

第一个国际性的大地测量组织中欧弧度测量协会是 1864 年在德国建立的。当时中欧各国已经布设了大规模三角测量网，为研究地球形状提供了充分依据，而这一研究工作的完成只有通过国际合作才有可能。德国著名大地测量学者贝耶尔积极促进各国之间的合作，在他的倡导下于 1864 年 10 月在柏林举行中欧弧度测量协会第一次全体会议，正式成立了协会。1867 年在柏林召开的全体会议上，由于会员国已不限于中欧的国家，将名称改为欧洲弧度测量协会。欧洲弧度测量协会的中央局设在德国波茨坦普鲁士皇家大地测量研究所内。1886 年在柏林召开的欧洲弧度测量协会全体会议上，决定扩大欧洲弧度测量的活动，改名为国际大地测量学协会，其中央局仍设在普鲁士皇家大地测量研究所。此后每3年举行全体会议一次。1914年第一次世界大战爆发后，成立了中立国的大地测量协会，以保证极移等的连续观测和研究。1919年国际大地测量学和地球物理学联合会在布鲁塞尔成立，国际大地测量学协会成为它的一个下属组织。中国于1977年加入国际大地测量学和地球物理学联合会，成为国际大地测量学协会的成员。

6.3.3　IEEE 地球科学与遥感学会

IEEE地球科学与遥感学会最初被称为Geoscience Electronics Group，于1962年成立。1978年1月该协会成为Geoscience Electronics Society。两年后，该学会的名称改为Geoscience and Remote Sensing Society（GRSS），以更准确地反映协会广泛的相关领域和活动。自1981年以来，GRSS主办了非常成功的国际地球科学和遥感专题讨论会（IGARSS）系列。该学会致力于研究遥感技术、应用、政策以及新的研究方向。

GRSS每年主办的国际地球科学和遥感研讨会（IGARSS），是相关领域主题的首要世界会议。IGARSS自1981年以来一直在美国、加拿大、欧洲和亚洲举办。这一享有盛誉的会议已成为国际上遥感项目和活动的焦点，每年都吸引来自世界各地的数百名科学家和工程师听取论文，讨论全球感兴趣的仪器、技术、模型和方案。

三种主要期刊：IEEE地球科学与遥感学报（TGRS）、IEEE应用地球观测与遥感精选主题期刊（J-STARS）和IEEE地球科学与遥感快报（GRSL）。该协会的档案出版物代表了遥感科学、技术和应用的前沿。在引文索引和影响因子方面，这些期刊是IEEE的顶级期刊之一，也是遥感期刊中的佼佼者。

五个技术委员会：地球科学信息学（ESI）、图像分析与数据融合（IADF）、遥感频率分配（FARS）、仪器与未来技术（IFT）和国际空间成像光谱学（ISIS）。技术委员会共同审查这些研究领域的技术现状。各技术委员会对遥感技术的未来发展方向产生了重要影响。

6.3.4　国际摄影测量与遥感学会

国际摄影测量与遥感学会（ISPRS）于1910年7月4日由维也纳技术大学校长、奥地利摄影测量学会会长爱德华·杜尚教授倡导在维也纳成立。最初称为国际摄影测量学会，1980年更改为现名。到2000年，又在其研究领域中加入了空间信息科学。

学会每四年召开一次年会，该学会主要活动包括：促进成立国家或区域摄影测量和遥感学会、发起和协调摄影测量和遥感领域的研究、定期举办专题讨论会和大会、通过出版《国际摄影测量和遥感档案》确保在全世界传播会议记录和研究成果、鼓励出版和交流关于摄影测量与遥感的科技文章和期刊并促进与相关国际科技组织的合作与协调。摄影测量和遥感学会的出版物共分六类:《国际摄影测量、遥感和空间信息科学档案》载有每一届 ISPRS 大会、专题讨论会和节选的会议、研讨会的同行评审的科技报告;《ISPRS 国际摄影测量、遥感和空间信息年鉴》收录了包含 ISPRS 大会、专题讨论会、一些会议、研讨会的全文双盲同行评审的科学文章;《ISPRS 摄影测量和遥感期刊》是学会的正式刊物,其中载有摄影测量和遥感领域的科技文章和评论;《ISPRS 国际地理信息期刊》是一份关于地理信息的国际科学开放期刊,由 ISPRS 和 MDPI 在线每季度联合出版;《ISPRS 电子通报》是学会的官方通报,包含 ISPRS 年度报告、ISPRS 活动新闻、ISPRS 主办的活动报告等项目;《ISPRS 摄影测量、遥感和空间信息科学丛书》系列包括高质量的科学论文,通常在同行评审后在 ISPRS 活动中展示。

6.3.5 国际测量师联合会

国际测量师联合会（International Federation of Surveyors）,法文缩写为 FIG,世界各国测绘学术团体联合组成的综合性学术组织。1878 年 7 月 18 日成立于法国巴黎。宗旨是联合世界各国测量工作者的团体和国家机构,讨论本专业共同关心的问题,建立各成员国测量学会间的联系,报道各国测量工作的成就,奖励和推广科学研究的成果,协调专业培训,促进各国专业人员的交流,推动测量科学的发展。其涵盖全球测量、测绘学、大地测量学和地理信息界的所有专业领域。它为旨在促进专业实践和标准的讨论和发展提供了一个国际论坛。

国际测量师联合会的最高决策机构是全体会员国大会,每四年召开一次。联合会下设 9 个技术委员会,按专业分为 A、B、C 3 个大组。A 组是专业组织,包括第一委员会（专业实践）、第二委员会（专业培训）和第三委员会（专业文献）。B 组是测量、摄影测量和地图制图,包括第四委员会（河海测量）、第五委员会（测量仪器和方法）和第六委员会（工程测量）。C 组是土地规划和土地经济,包括第七委员会（地籍测量和农村土地管理）、第八委员会（城市不动产体系、城镇规划和发展）和第九委员会（不动产估价和经营）。国际测量师联合会设有公报和年报编辑委员会,出版:①国际地籍测量和土地管理局出版物;②国际测量师联合会通报;③辞典,已出版的有波、俄、德、英、法对照的测量辞典,俄、捷对照的测量辞典,德、俄对照的测量辞典和英、俄对照的大地、航测、制图辞典等。

6.3.6 美国摄影测量与遥感协会

美国摄影测量与遥感学会（American Society for Photogrammetry and Remote Sensing,ASPRS）创立于 1934 年。该学会的宗旨是推进地图制图科学的发展,促进摄影测量、遥感和地理信息系统技术的应用。ASPRS 主要出版物包括美国摄影测量与遥感学会会议录、摄影测量工程与遥感杂志和摄影测量手册等。ASPRS 包括五大部门，分别为地理信息系统部、摄影测量应用部、重要数据获取部、专业实践部和遥感应用部。

地理信息系统部：致力于整合制图科学技术，创建空间分析和可视化支持框架，主要目标包括在内部建立增强型通信网络，并与其他部门、专业协会和利用空间数据与 GIS 的个人建立连接；积极支持国家空间数据基础设施；促进 GIS 在其他重要领域的应用；确定 GIS 技术的成功运用案例；重新组织 GIS 部门的技术委员会以便更好地实施战略计划；主动支持美国 GIS 标准委员会。摄影测量应用部：包括防御及情报委员会、移动制图委员会、交通调查委员会等，主要目标包括召开设密或不设密级的研讨会，关注摄影测量和遥感应用中的防御、情报和安全问题；确定移动制图系统数据收集和处理的最佳实践；提供准确定位信息以改善现有的交通系统。重要数据获取部：主要目标包括持续更新航空传感器系统；持续跟踪新型传感器的特征、发展状况和应用情况；关注传感器相关组件和技术的发展。专业实践部：提供结构化的支持环境，使制图组织能通过标准、伦理指导准则和教育项目来强化专业科学研究人员的发展。遥感应用部：不定期地召开各种讨论会，讨论遥感相关的热点或特别主题。

6.4 我国测绘教学和科研院所

6.4.1 自然资源部测绘标准化研究所

自然资源部测绘标准化研究所（原国家测绘地理信息局测绘标准化研究所）正式成立于 1984 年，是我国唯一从事测绘地理信息标准化研究的科研机构，是陕西测绘地理信息局直属单位。单位的主要职责：承担测绘地理信息标准化发展战略和规划研究，为标准化决策提供技术支持；负责测绘标准体系建设与维护更新，开展重要的、基础的测绘地理信息标准化科研及标准制（修）订工作；自 2005 年开始承担原国家测绘地理信息局测绘标准化工作委员会秘书处工作，负责测绘标准体系建设以及测绘标准的统筹、协调、指导、咨询等工作。

测绘标准化研究所制（修）订从传统测绘、数字化测绘到信息化测绘涉及大地测量、工程测量、摄影测量与遥感、地图制图、地理信息系统等多专业、多学科测绘国家、行业标准 200 余项，承担国家、地方等科技项目 110 余项。

发展历程：1978 年陕西省测绘科学研究所成立;《测绘科技通讯》期刊创刊；1982 年《陕西测绘情报》创刊；1984 年更名为"国家测绘局西安标准化测绘研究所"；1985 年《测绘标准化》创刊；1988 年成立陕西省测绘仪器检验中心；1989 年更名为"国家测绘局测绘标准化研究所"；2005 年成立国家测绘局测绘标准化工作委员会，测标委秘书处设立；2012 年更名为"国家测绘地理信息局测绘标准化研究所"；2018 年更名为"自然资源部测绘标准化研究所"。

6.4.2 武汉大学测绘学院

武汉大学测绘学院是我国测绘高等教育和科学研究的著名学府，是全国高等学校测绘学科教学指导委员会主任单位。学院立足测绘科学与技术发展前沿，综合办学实力强，人才培养质量高，设有国家信息化测绘人才培养模式创新实验区、国家级实验教学示范中心、国家级工程实践教育中心，对我国测绘教育和科技事业的发展具有引领性、示范性和辐射性作用，被誉为"测绘教育之都"。

学院现有测绘工程、导航工程和地球物理学三个本科专业。测绘工程专业通过国家工程教育专业认证，是国家卓越工程师教育培养计划试点专业。导航工程专业是 2012 年国家新批准招生的战略性新兴产业专业。测绘科学与技术、地球物理学两个一级学科排名全国第一，均为国家"985 工程""211 工程"重点建学科，下设大地测量学与测量工程、摄影测量与遥感、地图制图学与地理信息工程、固体地球物理学等 4 个二级学科博士学位授权点，大地测量学与测量工程、摄影测量与遥感、地图制图学与地理信息工程、导航制导与控制、固体地球物理学、测绘工程等 6 个硕士学位授权点，设有测绘科学与技术博士后流动站。

历史沿革：1958 年武汉测量制图学院划归国家测绘局管理，并易名为武汉测绘学院；1978 年武汉测绘学院被国家批准为全国重点大学；1985 年 10 月武汉测绘学院更名为武汉测绘科技大学；1993 年原武汉测绘科技大学的大地测量系与工程测量系合并，组建为地学测量工程学院；2000 年 8 月国家教育部把原武汉测绘科技大学、原武汉水利电力大学、原湖北医科大学与原武汉大学合并重组，成立了新的武汉大学。在新武汉大学建制下，以原地学测量工程学院为基础，组建了武汉大学测绘科学与技术学院；2001 年 9 月更名为武汉大学测绘学院。

6.4.3 同济大学测绘与地理信息学院

同济大学测绘与地理信息学院拥有测绘科学与技术国家双一流学科、上海市一流学科，测绘科学与技术一级学科博士点，涵盖大地测量学与测量工程、摄影测量与遥感、地理信息系统二级学科，其中大地测量学与测量工程为国家二级重点学科。学院立足于"精而强"的发展定位，形成了航天测绘遥感与深空探测、卫星导航与位置服务、全球变化与重大灾害监测三个具有同济测绘特色的优势方向，深度参与国家和地方经济建设。

历史沿革：1932 年，同济大学工学院高等测量系正式成立，成为当时国立大学中唯一的测量系，并成为我国民用测绘高等教育事业的发祥地；1952 年和 1954 年两次调整，设有三个专业：工程测量、航空摄影测量、天文测量；1993 年更名为房地产与测量系；1996 年 1 月撤销房地产与测量系，更名为测量与国土信息工程系；1998 年获大地测量学与测量工程专业博士学位授予权，并入土木工程学院，全称为同济大学土木工程学院测量与国土信息工程系；1999 年重新招收土地资源管理专业，测量工程专业更名为测绘工程专业；2004 年设立地理信息系统工学本科专业，同年与国家测绘局精密工程测量院联合成立现代工程测量国家测绘局重点实验室；2007 年获大地测量学与测量工程国家重点学科，同年成立了教育部中国大陆构造环境监测网络联合研究中心同济大学分中心；2010 年成立了同济大学空间信息科学及可持续发展应用中心；2012 年成立测绘与地理信息学院。

6.4.4 中国地质大学地理与信息工程学院

地理与信息工程学院是由中国地质大学（武汉）和中国科学院地理科学与资源研究所、中国科学院精密测量科学与技术创新研究院（原测量与地球物理研究所）共建的学院，由中国地质大学（武汉）原信息工程学院、原地球科学学院地理科学系、原公共管理学院区域规划系合并组建，2019 年 12 月 21 日正式揭牌。

学院拥有测绘科学与技术一级学科博士后流动站、测绘科学与技术一级学科博士点、地理学和软件工程两个一级学科硕士点。2013 年，测绘科学与技术、地理学两个一级学科获批"湖北省重点学科"，测绘工程专业通过工程教育专业认证；地理信息系统（地理信息科学）专业入选"湖北省品牌专业"；地理信息系统专业、信息工程（现称地理空间信息工程）专业入选湖北省普通高等学校"战略性新兴（支柱）产业人才"培养计划项目；测绘工程专业入选 2016 年度湖北省普通本科高校"荆楚卓越人才"协同育人计划项目。测绘工程专业与地理信息科学专业 2019 年分别入选国家一流本科专业建设点名单与湖北省一流本科专业建设点名单。

学院建有"国家地理信息系统工程技术研究中心""地理信息系统软件及其应用教育部工程研究中心""洞庭湖区生态环境遥感监测湖南省重点实验室"等学术平台。研制成功我国第一套彩色地图编辑出版系统"MAPCAD"，研制开发出具有自主知识产权的大型 GIS 平台软件"MAPGIS"，成为国家科技部推荐首选的 GIS 平台软件，曾应用于"神舟"系列飞船的返回搜救系统等国家重大工程项目。

6.4.5 河海大学地球科学与工程学院

河海大学地球科学与工程学院设有地质科学与工程系、测绘科学与工程系 2 个教学机构，工程地质与灾害研究所、水文地质与环境研究所、地球关键带研究所、测绘工程研究所、遥感与空间信息研究所、地球探测研究所、地下水科学与工程研究所（挂靠）7 个科研机构以及地球科学与工程实验中心。

河海大学测绘专业的历史可追溯到创建于 1915 年的河海工程专门学校，其是全国最早设置测绘专业的高等学校之一。多层次的教学科研领域，逐渐形成了精密工程测量理论及技术、变形监测与安全监控、卫星定位及组合导航、摄影测量理论与技术、遥感及图像处理、"3S"技术及其应用、地理信息科学与系统工程等相对稳定的研究方向，特别是在精密工程测量、大型建筑物安全监控、数字摄影测量及虚拟现实技术、城市遥感、空间定位技术与应用、"3S"集成技术、专题地理信息系统开发等领域，具有较强的实力和自己的特色，成为培养测绘类高级人才的基地。

现设有测绘科学与工程系、遥感与空间信息工程研究所、测绘工程研究所、测绘工程实验室、水利建设"3S"技术应用联合实验室（与香港理工大学共建）、卫星及空间信息应用研究所、江苏省测绘教学示范中心、海洋遥感与海洋探测研究中心、北斗卫星数据分析中心等。

6.4.6 西南交通大学地球科学与环境工程学院

西南交通大学地球科学与环境工程学院包括测绘工程系、遥感信息工程系以及测绘科学与技术实验中心等。学院拥有地质资源与地质工程和测绘科学与技术 2 个一级学科博士学位授权点和博士后科研流动站；拥有地质工程、地球探测与信息技术、矿产资源普查与勘探、大地测量与测量工程、摄影测量与遥感、地图制图学与地理信息工程、工程环境控制、市政工程等 8 个二级学科博士点；拥有地质工程等 15 个硕士点；设有地质工程、测绘工程、遥感科学与技术、地理信息系统、环境工程、消防工程等 6 个本科专业。

学校在 1896 年创立，初设有测量与抄平课程模块，至 1939 年土木工程科测绘类课程增至 5 门，并形成系统。1959 年，学校在铁道建筑专业创办航测专门化，1974 年设立铁道航空勘测专业，1985 年改为摄影测量与遥感专业。1991 年成立测量工程系。1990 年之后学校逐步将分属土木、地质、测绘学科的系、所、中心合并，成立土木工程学院。2010 年，学校将测绘、地质、环境三个学科的系、所、中心合并，成立地球科学与环境工程学院，测绘学科分设遥感信息工程系和测绘工程系，2016 年将测绘工程系和遥感信息工程系合并为测绘遥感信息系。

西南交通大学测绘学科紧密跟踪国际学科领域的发展动态，在卫星导航定位理论与应用、现代大地测量理论与方法、合成孔径雷达干涉、地理信息技术应用、精密工程测量理论与技术（含高速铁路）、工程勘测一体化与信息化三维地理信息系统等研究方向取得了一系列的创新性成果。

6.4.7 长安大学地质工程与测绘学院

长安大学地质工程与测绘学院是长安大学重点建设学院，由地质工程、地球物理学、测绘工程和安全工程等四大学科群组成，学院获批"西部地质灾害与地质工程学科创新引智基地"，同时成为联合国教科文组织地质环境灾害减灾教席项目国际协作单位，现已成为西部地区乃至国家培养高层次地质工程、岩土工程、应用地球物理、测绘工程以及安全工程人才的重要基地。地质资源与地质工程、测绘科学与技术一级学科进入陕西省一流学科建设行列；地质工程为国家二级重点学科；地球探测与信息技术、防灾减灾工程及防护工程、大地测量学与测量工程等为省部级重点学科。地质工程、遥感科学与技术、勘查技术与工程、地球物理学入选国家级一流专业建设点，测绘工程、安全工程专业入选陕西省一流专业建设点，地理信息科学为陕西省特色专业。

学院拥有科学技术部国家遥感中心地质灾害研究部、中国地球物理学会地球物理场多参数综合模拟重点实验室、信息实验室、测量与遥感实验室等。学院拥有3个博士后科研流动站，地质资源与地质工程、地球物理学、测绘科学与技术3个一级学科博士学位授权点，安全科学与工程1个一级学科硕士学位授权点，13个二级学科博士点，14个硕士点，1个专业学位硕士授权点，开设7个本科专业，其中4个国家级一流专业。

6.4.8 中国矿业大学环境与测绘学院

2000年6月中国矿业大学从采矿系、资源学院和化工学院抽调相关学科、专业组建了环境与测绘学院。学院现设有4个系（测绘工程系、环境科学与工程系、遥感与地理信息系、国土工程系）和1个实验中心（环境与测绘实验中心）。

学院现有测绘科学与技术、环境科学与工程等2个一级学科博士学位授权点，7个二级学科博士学位授权点，8个二级学科硕士学位授权点，以及2个专业学位硕士授权点。设置测绘科学与技术、环境科学与工程2个博士后科研流动站，其中测绘科学与技术流动站为全国优秀博士后科研流动站。在教育部2017年第四轮学科评估中，测绘科学与技术学科被评为A-（全国排名第三）。2019年环境科学与生态学进入ESI全球排名前1%。学院测绘科学与技术、环境科学与工程为学校"双一流"建设支撑学科，入选"211工程""985优势学科创新平台""江苏高校优势学科建设工程"，以及教育部"长江学者"设岗学科，拥有2个国家"111"创新引智基地。

学院现有测绘工程（创办于1953年）、环境工程（创办于1985年）、环境科学（创办于1993年）、地理信息科学（创办于2001年）、遥感科学与技术（创办于2020年）等5个本科专业。测绘工程入选"双万计划"国家一流本科专业建设。测绘工程为江苏省品牌专业、国家品牌特色专业建设点，测绘工程专业为教育部卓越工程师培养计划入选专业。测绘类（含测绘工程、地理信息科学）专业为江苏省"十二五"高等学校重点专业。测绘工程顺利通过国家工程教育专业认证。

6.4.9 中国人民解放军战略支援部队信息工程大学测绘学院

中国人民解放军战略支援部队信息工程大学测绘学院是一所为中国人民解放军作战指挥、军事训练和科学研究培养高、中级军事测绘人才的高等工程专业技术院校，前身为有 60 多年建院历史的解放军测绘学院，是经国务院批准的全国重点高等院校之一。

学院现有测量、地图学和导航工程系，遥感信息工程系，地理信息工程系，作战环境与仿真工程系，测量工程与装备系，测控技术与管理系，联合办学地方生系等七个系和测绘工程研究所，拥有 1 个博士后科研流动站、6 个博士学位授权点、11 个硕士学位授权点。拥有 1 个国家重点学科、2 个军队重点学科、4 个军队重点建设学科专业领域、1 个军队重点实验室和 1 个省级工程技术中心。其中：测量工程专业（四年制本科）、遥感科学与技术专业（四年制本科）、地图学与地理信息系统专业（四年制本科）、指挥自动化工程专业（四年制本科）、测控技术与仪器专业（四年制本科）、导航工程专业（四年制本科）、仿真工程专业（四年制本科）、航天测控工程专业（四年制本科）等专业面向全国、全军招生。

学院拥有着一支素质优良、结构合理的师资队伍。共有教学、科研、工程技术人员 260 余人，特别是有一批以中国科学院高俊院士、中国工程院王家耀院士和许其凤院士、国际欧亚科学院钱曾波院士为代表的国内外知名学者、专家、教授。有设备先进的教育技术中心、人造卫星观测站、GPS 实验场、天文台、遥感卫星地面站、遥感图像处理中心、空间信息数据处理中心等教学设施。校园网实现了全院信息资源共享和网络教学。近年来，学院积极承担国家和军队重大科研课题近 500 余项，有 120 多项成果获国家发明奖和科技进步奖等奖项。学院教学科研设备齐全、设施先进，基本实现了教学现代化。

6.5　测绘企业

6.5.1　南方测绘

南方测绘创立于广州，是一家集研发、制造、销售和技术服务于一体的测绘地理信息产业集团。业务范围涵盖测绘装备、卫星导航定位、无人机航测、激光雷达测量系统、精密测量系统、海洋测量系统、精密监测及精准位置服务、数据工程、地理信息软件系统及智慧城市应用等，致力于行业信息化和空间地理信息应用价值的提升。

南方测绘主要业务主要集中于测绘地理信息行业，形成了测绘装备、地理信息软件系统、数字工程及地理信息应用解决方案三大产品及业务体系，产品涵盖无人机航测系统、三维激光测量系统、室内定位导航系统、GNSS 系列、全站仪系列、海洋测绘与勘察系统、工程测量类、智慧物联与教学实训、时空地理信息等，经原国家测绘地理信息局组织的专家鉴定，认定南方测绘的产品和综合技术达到世界先进水平，跻身行业世界四强。

南方测绘具有完整的测绘装备产业链，产品经销全球，包含光电测绘仪器、高精度卫星定位导航终端、无人机航测系统、三维扫描测量系统等。业务包含地形、地籍成图及数据处理，国土、房产、市政信息化软件系统，智慧城市应用软件系统。南方测绘依托在高精度定位方面独特的技术优势，全面拓展地理信息应用，大力开展高精度卫星定位导航测量系统与应用、基于高精度位置服务的系统集成与行业应用、基于精密测量技术的应用系统等，为拓展高精度卫星导航的应用范围带来无限可能。

6.5.2　广州中海达卫星导航技术股份有限公司

广州中海达卫星导航技术股份有限公司是国内测绘地理信息技术装备领域第一家，也是迄今为止唯一一家上市企业。公司是专业从事 GNSS 研发、生产、销售的高新技术产业集团公司，成立于 1999 年，核心团队具有二十多年 GNSS 产品研发、技术应用、市场服务经验，年产值达 2 亿元；在全国建有 30 家技术服务机构及遍布全国各地的销售网络。

主营业务为高精度卫星导航定位系统（GNSS）软硬件产品的研发、生产、销售，提供基于高精度 GNSS 技术的系统工程解决方案及相关服务。

现公司主要产品包括高精度测量型 GNSS 产品系列、超声波数字化测深仪系列、GIS 数据采集系统、海洋工程应用集成系统和地质灾害监测系统等，可广泛运用于测绘勘探、国土规划、海洋开发、数字农林业等国民经济 40 多个领域。公司产品已成功运用于京沪高铁施工工程、青藏高原青海湖勘测、北京奥运安保、第二次国土普查、广东电网营配一体化、中国近海海洋综合调查与评价专项等多个项目。

公司是专业从事高精度 GNSS 软硬件产品的研发、生产、销售，提供基于高精度 GNSS 系统工程解决方案及相关服务的企业。公司自设立以来主营业务没有发生重大变化。应用本公司产品的业务及领域主要包括测绘测量、工程施工、GIS 数据采集、地质灾害监测、精密施工与机械控制、海洋探测、农林业、城市资产管理、国防等。

6.5.3　徕卡地理系统股份公司

徕卡地理系统股份公司有 5 大业务系统。

工程测量系统：是徕卡测量系统最大的业务部门。它在各种专业测绘领域为全球测绘、工程、建筑和施工行业的用户提供广泛的产品和服务，其产品从全站仪（TPS）、全球定位系统（GPS）、水准仪、建筑用激光仪器，到专用软件和机械引导系统（包括激光导向仪），并为基础设施建设和土地管理系统提供综合解决方案。

地学空间影像测量系统：为用户提供基于影像的测量解决方案，业务范围从遥感和航空测量到 GIS（地理信息系统）。产品包括航空数字传感器（徕卡 ADS40）、3D 航空激光扫描仪（徕卡 ADL50）、相应的影像测量软件包，以及用于数字 2D/3D 软件解决方案和地面模型制作、编辑和可视化的 ERDAS IMAGINE。

工业测量系统：能够帮助工业用户（如汽车和航空航天业）精确地测量大型部件，精度可达到忽级（10μm）精度，并能直接在 CAD 系统中处理数据。其产品范围包括激光跟踪仪、T-probe 和 T-scan、高精度的全站仪和经纬仪，以及基于 CAD 的三维坐标测量软件 Metrolog。

大众测量系统：发明了具有革命性的 Leica DISTO，"徕卡迪士通"手持式激光测距仪。

HDS 高清晰测量系统：使徕卡测量系统迅速进入新兴的三维数据市场。

6.5.4　天宝公司

Trimble（天宝）导航公司成立于 1978 年，是美国一家从事测绘技术开发和应用的高科技公司，主要生产 GPS 相关产品，拥有超过 512 项的已注册 GPS 专利。2000 年收购了瑞典著名的光谱精仪（捷创力）公司，提升了天宝公司在激光产品和全站仪等光学产品方面的技术水平。2003 年 7 月又收购了加拿大 Applanix 公司，成功进入惯性导航 /GPS 结合技术领域。2012 年 4 月，天宝导航有限公司向谷歌收购了谷歌旗下著名的 3D 绘图软件 Sketchup。

多年来 Trimble 公司一直致力于高精度连续运行基准站 GPS 设备的研制工作。新技术的应用使 Trimble 的设备在世界范围内广泛应用于地震—板块运动监测、沉降变形监测、气象观测等高精度应用领域。VRS 虚拟参考站技术的出现更使固定 GPS 观测网具有提供多种服务的能力，使 GPS 网内的交通、测绘、环保、市政、勘探、管线等所有需要定位的用户得到服务，大大提高了网络利用率和城市管理水平。

2000 年 Trimble 收购了光谱精仪公司，使公司在机械控制、测绘、农业、高精度解算方面得到增强，尤其是激光产品和全站仪等光学产品方面有了长足进步。同年 Trimble 对 TDS 公司的收购使 Trimble 在数据采集软、硬件和 GIS 数据采集市场取得了领先地位。2003 年 Trimble 与日本尼康公司合资成立新公司，设计生产光学测绘产品，并负责日本以外尼康光学测绘产品的销售。7 月又收购了加拿大 Applanix 公司，成功进入惯性导航 /GPS 结合技术领域。Trimble 在世界范围的广泛分布和其独特的能力使得公司产品在众多领域得到应用，包括测绘、汽车导航、工程建筑、机械控制、资产跟踪、农业生产、无线通信平台、通信基础设施。

6.5.5　拓普康索佳（上海）科贸有限公司

拓普康索佳（上海）科贸有限公司（STS）是美国拓普康定位系统公司在上海自贸区注册成立的全资子公司，是上海自贸区正式挂牌后注册的第一家外资独资企业，也是拓普康集团在中国设立的第一个独资企业。公司负责管理拓普康集团旗下拓普康品牌测量定位、建筑施工和精准农业三大业务领域与相关产品线，以及索佳品牌各产品线在中国（含港澳地区）及蒙古国的市场营销、渠道分销、技术支持、售后服务和业务拓展。

测量产品主要包括全站仪、数字水准仪和陀螺仪等常规光学设备、单人测量系统、混合 / 融合测量系统、GNSS RTK 测量设备、GNSS 参考站网络系统、GNSS OEM 板卡及天线等元器件、三维激光扫描仪、移动测量车、无人机航测设备（天狼星固定翼无人机、猎鹰 8 多旋翼无人机）。

6.5.6 上海华测导航技术股份有限公司

上海华测导航技术股份有限公司，是专注于国产 GNSS 研发、生产、销售的高新技术产业集团。凭借规范的管理、深厚的技术、高质量的产品和完善的服务，致力于高精度 GNSS 产品在各行各业的应用，为用户提供全球卫星定位系统及相关行业的全方位、高技术的系统解决方案。

华测主要为用户提供高精度单频测量型 GNSS 接收机、双频实时动态 GNSS 接收机、GNSS 姿态测量系统、手持 GIS 终端、无线数传产品和水上测量产品等，其中，华测 X90 是国产仪器中唯一得到国家认可达到同等产品最高精度的产品。另外，公司自主开发的 GNSS 数据处理软件、野外测量软件、车辆、船舶监控 / 调度软件、GNSS 姿态测量软件也深受用户欢迎。

6.5.7 苏州一光

苏州一光仪器有限公司（原苏州第一光学仪器厂）具有六十余年的历史，自 1968 年研制成功 2 秒光学经纬仪以来，致力于为我国测绘领域提供高品质、高精度、高性能的仪器。公司现有 GNSS 接收机、全站仪、电子经纬仪、光学经纬仪、水准仪、垂准仪、扫平仪和建筑装潢仪器等八大系列产品，广泛应用于我国轨道交通、船舶建造和建筑施工等重大工程，并远销美国、俄罗斯、韩国、印度、巴西、土耳其等国家，"一光"品牌产品广受国内外市场的青睐。

公司产品销售网络遍布全国各省市，共有 100 多家服务中心，同时在全国各地设有苏州一光办事处，能够快捷周到地为国内用户提供周到的服务。公司还积极开拓国外市场，"一光"品牌产品已在 100 多个国家落地生根。

公司积极参与我国测绘行业标准化工作，建立了"全国光学和光子学标准化技术委员会野外测试大地测量仪器工作组""全国光学和光子学标准化技术委员会通用光学试验方法工作组"，先后主持和参与了《全站仪》《电子经纬仪》《光学经纬仪》《水准仪》等近 20 个国家标准的起草工作。

2015 年，公司推出了国产免棱镜长测程全站仪，其无棱镜测距达到了 1500 米，同时，公司又成功推出国产高精度全站仪（测角 1 秒，测距 1+1），此外，EL03 数字水准仪、全自动陀螺全站仪、DS03 光学水准仪等均为公司新产品、新技术。

▶ 结束语

在编写本书和工程测量相关课程教学交叉进行的过程中，作者们深刻感受到系统的工程测量课程思政案例在加强专业学习、提升职业素养、增强民族自信和培养家国情怀等方面的促进作用。本书从工程测量相关的历史人物、经典理论、重要装备、典型应用和关键机构这五个方面为学习工程测量相关课程的学生们提供了生动的案例，为引导学生们培养工匠精神、敬业精神、职业道德、安全意识、保密意识、家国情怀和民族自信提供了系统的资料库。通过本教材的学习，读者可了解到每一个测量任务不仅仅是对大地的丈量和数据的记录，更是对项目负责和社会责任的直接体现。通过从古到今的这些经典案例，不仅可以加深学生们对测量技术、理论和装备等专业知识的理解，更重要的是将专业知识和思想政治教育进行了有机融合，实现专业课程教学过程中课程相关思政内容的传播、消化和吸收。

工程测量相关技术、设备和应用不仅能够衡量一个国家科技实力，也是世界科技水平的体现，更能为社会进步和人类文明提供推动力。每一次测量工作的成功，都离不开项目团队的智慧和辛勤付出，更离不开对精益求精、诚实守信和开拓创新的坚守。通过本案例集的学习，可以了解到工程测量中蕴含的丰富思政元素。在学生们未来面对各种复杂的现实情况时，思想政治教育可帮助他们保持初心，正确地把握每一次测量的方向和目标。本书不仅有助于测量理论的学习、测量技术的传承，更是对于工程测量相关工作从业者思想的提升。衷心希望每一位读者都能从中受益，不断提升专业知识和思想政治素养。同学们不仅应关注自身专业发展，更要关心国家、社会的发展，积极参与到社会建设中去；在实际工作中，相信同学们一定有机会用所学的工程测量知识和所提升的个人素质为国家的建设和社会的进步贡献自己的力量。

在这里，我们要感谢每一位为这本教材付出心血的作者和编辑，感谢同学们的认真学习和积极反馈。希望这本书能够为同学们专业学习和思想提升提供参考，为土木类专业培养具有社会责任感和家国情怀的工程师提供有益的资料库。最后，祝愿大家在今后的学习和工作中都能够不忘初心、牢记使命，成为既具备专业素养，又充满社会担当的优秀专业人才。

参考文献

[1] 高德毅，宗爱东. 从思政课程到课程思政：从战略高度构建高校思想政治教育课程体系 [J]. 中国高等教育，2017（1）：43-46.

[2] 夏冬君，王世成，陶泽明. 测量学课程体系建设研究与教学实践 [J]. 测绘与空间地理信息，2017（3）：78-80.

[3] 李建文. "2000 国家大地坐标系"即将启用西安 80 和北京 54 坐标系将正式退出 [J]. 城乡建设，2018（12）：2.

[4] 刘辉，苏丽娟，李娟，等. 测量学课程思政建设探讨 [J]. 黄河水利职业技术学院学报，2020，32（4）：85-89.

[5] 王廷述. 寻脉中国古代测绘 [J]. 国土资源导刊，2011，8（9）：26-27.

[6] 张强. "天下之中"与周公测影辨疑 [J]. 自然辩证法研究，2013，29（7）：84-89.

[7] 孙小淳. 关于汉代的黄道坐标测量及其天文学意义 [J]. 自然科学史研究，2000，19（2）：143-154.

[8] 陈少晶. 裴秀"制图六体"理论的历史考察 [J]. 中北大学学报（社会科学版），2021，37（5）：52-54+59.

[9] 关增建. 中国古代地图测绘理论的创建者裴秀 [J]. 质量与标准化，2023（8）：34-37.

[10] 江晓原. 一行——唐代的'迦勒底人'[J]. 中国典籍与文化，1994（2）：89-91.

[11] 王麟. 复活沉睡千年的天文钟——北宋水运仪象台的揭秘之旅 [J]. 科学大众：中学生，2017（1）：3.

[12] 管成学. 简论苏颂的科技成就 [J]. 历史教学，1988（4）：54-55.

[13] 李约瑟，王木南. 中国人是如何发明机械钟的 [J]. 中国国家博物馆馆刊，2000，35（2）：122-126.

[14] 朱炳贵. 沈括在地图学上的成就 [J]. 地图，2001（1）：51-52.

[15] 梁启章，王晶.中国古代天文图的主要成就与贡献探讨 [J].地球信息科学学报，2016，18（1）：14-20.

[16] 崔必仁.谈谈我国旧有各水准起算基准面与"黄海平均海水面"的关系 [J].测绘通报，1958（9）：10-11.

[17] 盖建民.略论玄教门人朱思本的地图科学思想 [J].宗教学研究，2008（2）：7-10.

[18] 夏冬君，王世成，陶泽明.测量学课程体系建设研究与教学实践 [J].测绘与空间地理信息，2017（3）：78-80.

[19] 成一农.郑和航海图面向大海，仰望星辰 [J].中华遗产，2019（4）：154-157.

[20] 郭书春.关于刘徽的割圆术 [J].高等数学研究，2007，10（1）：118-120.

[21] 杨鸿勋.战国中山王陵及兆域图研究 [J].考古学报，1980（1）：119-138.

[22] 曾英.历史文献的档案属性论证——以长沙马王堆汉墓帛绘地图为例 [J].机电兵船档案，2023（4）：14-17.

[23] 伊晓东，等.测量学 [M].大连：大连理工大学出版社，2008.

[24] 宫彦军，王喜昌，宋东草，等.折射定律与反射定律的推导 [J].物理实验，2005，25（2）：41-43.

[25] 欧阳桂崇，杨华忠，魏彩虹.青岛国家水准原点网建设与维护 [J].测绘科学与工程，2013，33（6）：25-28.

[26] 陈俊勇，张全德，张鹏.对中国高程控制网现代化工作的思考 [J].武汉大学学报（信息科学版），2007（11）：941-944.

[27] 辛仁忠.中华人民共和国大地原点简介 [J].江苏冶金，1986（4）：68-68.

[28] 宁津生，邱卫根，陶本藻.地球重力场模型理论 [M].武汉：武汉测绘科技大学出版社，1990.

[29] 王春祥，李晓，盛庆伟．航空摄影测量学 [M]. 郑州：黄河水利出版社，2011.

[30] 王树连，司顺奇，吴娟．中国古代长度（尺度）标准的建立与发展 [J]. 测绘科学与工程，2008（2）：55-58.

[31] 邓学忠，姚明万．中国古代指南车和记里鼓车 [J]. 中国计量，2009（8）：54-56.

[32] 李志超，陈宇．关于张衡水运浑象的考证和复原 [J]. 自然科学史研究，1993，12（2）：120-127.

[33] 李迪．关于简仪的地盘和圆室 [J]. 自然科学史研究，1999，18（3）：256-261.

[34] 席泽宗．中国古代科技成就（修订版）[M]. 北京：中国青年出版社，1995.

[35] 邓可卉，李迪．对圭表起源的一些看法 [J]. 科学技术与辩证法，1999（5）：48-51.

[36] 陈晓珊．"量天尺"与牵星板：古代中国与阿拉伯航海中的天文导航工具对比 [J]. 自然科学史研究，2018，37（2）：139-155.

[37] 李卓政．漏刻——历史久远的计时工具 [J]. 力学与实践，2007，29（3）：88-91.

[38] 中国科学院陕西天文台天文史整理研究小组．我国历史上第一次天文大地测量及其意义——关于张遂（僧一行）的子午线测量 [J]. 天文学报，1976（2）：209-216.

[39] 燕楠．望远镜风波 [J]. 同舟共进，2017（2）：88-89.

[40] 李一新．照相机的发展史 [J]. 农村青少年科学探究，2013（1）：8-8.

[41] 刘承启．水平仪的应用 [M]. 北京：机械工业出版社，1986.

[42] 杨俊志，刘宗泉．数字水准仪的测量原理及其检定．北京：测

绘出版社，2005.

[43] 王鹏，谭立龙，仲启媛，等.陀螺经纬仪发展综述 [J].飞航导弹，2019（9）：89–94.

[44] 权铁汉，于起峰.摄影测量系统的高精度标定与修正 [J].自动化学报，2000，26（6）：748–755.

[45] 贺跃光，王秀美，曾卓乔.数字化近景摄影测量系统及其应用 [J].矿冶工程，2001，21（4）：1–3.

[46] 肖万国.现代测绘技术在房建竣工测量中的应用 [J].商品与质量，2020（38）：140–140.

[47] 杨娜.无人机遥感测绘技术在房地一体的应用实践 [J].数码设计（上），2021（6）：383–384.

[48] 高文学.地理信息系统在房产测绘中的应用思路构建 [J].商品与质量，2020（33）：267–267.

[49] 权宇.探讨水利测绘技术 [J].建筑工程技术与设计，2014（34）：607–607.

[50] 李亚.现代铁路工程自动化测绘技术发展研究 [J].商品与质量，2020（10）：170–170.

[51] 钱建南.对桥梁测绘工程的研究 [J].江西建材，2017（18）：148–149.

[52] 罗子端.现代测绘技术在地铁隧道变形监测中的应用研究 [J].区域治理，2018（24）：194–194.

[53] 郑祖发，杜力立.矿山测绘中三维激光扫描技术的应用 [J].世界有色金属，2021（2）：40–41.

[54] 李杰.测绘新技术在市政工程测量中应用 [J].建材发展导向（上），2021（2）：150–150.

[55] 陈德强，王德民.GPS 测量在露天爆破工程中的应用——以黑岱沟露天煤矿为例 [J].技术与市场，2019，26（9）：113–114.

[56] 弓煜，李辉．基于摄影测量法的袁家村铁矿爆破块度预测 [J]. 露天采矿技术，2022，37（5）：60–63.

[57] 申家双，翟国君，黄辰虎，等．海洋测绘学科体系研究（一）：总论 [J]. 海洋测绘，2021（1）：1–7.

[58] 石宪军．基础测绘在数字城市建设中的应用分析 [J]. 科技风，2020（16）：125–125.

[59] 王家柱．测绘和监控新技术在三峡工程中的应用 [J]. 中国三峡建设，2001（9）：1–2.

[60] 邓贝．计算机制图在核电厂踏勘测绘中的应用 [J]. 建筑工程技术与设计，2014（34）：1111–1111.

[61] 陈洪，李伟强．核电站初步可行性研究阶段岩土工程勘察的工作内容和方法 [J]. 资源环境与工程，2010（4）：362–366.

[62] 郑文．世界第一高桥——贵州毕都高速北盘江特大桥塔柱施工测量控制技术 [J]. 黑龙江交通科技，2018（9）：107–108.

[63] 刘经南，魏二虎，黄劲松，等．月球测绘在月球探测中的应用 [J]. 武汉大学学报（信息科学版），2005（2）：95–100.

[64] 闵连权，李强，祝先真，等．我国地理空间数据的安全政策研究 [J]. 测绘科学，2010，35（3）：37–39+8.

[65] 江南．战区军事地理系列专题地图制图研究 [J]. 解放军测绘学院学报，1991（4）：53–60.